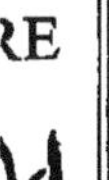

RÉPERTOIRE GÉNÉRAL

DES

TAXES DE NAVIGATION

(DROITS DE TONNAGE,
ANCRAGE, PILOTAGE, PHARES, BOUÉES, etc.)

AUXQUELLES

SONT SOUMIS LES NAVIRES FRANÇAIS

DANS LES PORTS DE FRANCE

AUX COLONIES ET A L'ÉTRANGER,

A L'USAGE

DES ARMATEURS ET DES CAPITAINES DE NAVIRES,

Par E. BOURGAIN,

COMMIS DE MARINE, ATTACHÉ A L'ADMINISTRATION CENTRALE.

Prix : 3 francs.

PARIS,

IMPRIMERIE ET LIBRAIRIE DE PAUL DUPONT,
Rue de Grenelle-Saint-Honoré, 45.

1858.

RÉPERTOIRE GÉNÉRAL

DES

TAXES DE NAVIGATION.

RÉPERTOIRE GÉNÉRAL

DES

TAXES DE NAVIGATION

(DROITS DE TONNAGE, ANCRAGE, PILOTAGE, PHARES, BOUÉES, etc.)

AUXQUELLES

SONT SOUMIS LES NAVIRES FRANÇAIS

DANS LES PORTS DE FRANCE,

AUX COLONIES ET A L'ÉTRANGER,

A L'USAGE

DES ARMATEURS ET DES CAPITAINES DE NAVIRES,

Par E. BOURGAIN,

COMMIS DE MARINE, ATTACHÉ A L'ADMINISTRATION CENTRALE.

————◦————

PARIS,

IMPRIMERIE ET LIBRAIRIE DE PAUL DUPONT,
Rue de Grenelle-Saint-Honoré, 45.

——

1858.

AVANT-PROPOS.

Dans tous les ports de France, des colonies et de l'étranger, les navires du commerce sont soumis à des taxes qui, perçues sous des dénominations diverses, au profit des caisses publiques ou de particuliers, constituent pour la navigation une charge assez lourde dans certains pays d'outre-mer, et suffisamment onéreuse ailleurs pour qu'il soit nécessaire d'en tenir compte dans le calcul des frais généraux, auxquels donne lieu un armement maritime au cabotage, à la pêche ou au long cours.

Les armateurs et les capitaines sont donc intéressés à connaître, aussi approximativement que possible, les droits de navigation, au payement desquels leurs bâtiments seront assujettis dans tel ou tel port, afin de pouvoir régler en conséquence les conditions de leurs chartes-parties, le taux de leurs frets, et de choisir, le cas échéant, les points de relâche ou de ravitaillement dans lesquels ces droits sont le moins élevés.

Il n'existe pourtant aucun document qui contienne à cet égard des indications précises et complètes. Le *Moniteur*, le *Bulletin des lois*, les *Annales du Commerce extérieur* contiennent bien des renseignements de cette nature ; mais ces publications présentent l'inconvénient de donner lieu, par suite de l'abondance et de la variété des matières qu'elles traitent, à des recherches longues, difficiles, souvent infructueuses ; les deux premières n'offrent, d'ailleurs, que des règlements et des tarifs isolés, pour l'intelligence desquels on doit recourir, la plupart du temps, au texte des traités qui règlent les relations de navigation et de commerce entre la France et les pays étrangers.

Le *Répertoire général des taxes de navigation* est destiné à combler cette lacune. Il indique, en suivant l'ordre alphabétique des pays, le taux et le mode de perception des droits qui, dans la généralité des ports de France, de la Grande-Bretagne et dans les plus fréquentés de ceux de nos colonies et de l'étranger, affectent le corps des bâtiments et retombent, conséquemment, à la charge de l'armement. Il fait connaître, en outre, en ce qui concerne ces droits, le traitement spécial réservé aux navires français par les conventions internationales. A ces indications s'ajoutent l'énumération des *monnaies, poids* et *mesures* en usage dans chaque pays, et des renseignements particuliers à certaines localités qui ne peuvent manquer d'être utilement consultés par les armateurs et les capitaines.

RÉPERTOIRE GÉNÉRAL

DES

TAXES DE NAVIGATION

(DROITS DE TONNAGE, ANCRAGE, PILOTAGE, PHARES, BOUÉES, ETC.)

***

ALABAMA (État de l').

Voir pour les *droits généraux, monnaies, etc.*, à l'article *États-Unis*.

DROITS LOCAUX.

PORT ET BAIE DE LA MOBILE — *Droits de pilotage :* Tout bâtiment franchissant la barre extérieure paye, pour taxe de pilotage, 2 doll. 50, par pied de tirant d'eau, jusqu'à 10 pieds ; de 10 à 12 pieds, 3 dollars ; de 12 à 14 pieds, 3 doll. 50.

Si le navire franchit la *Rivière du Chien* (Dog River), le pilote a droit à 1 doll. 50 par pied, quelle que soit la calaison.

ALGÉRIE.

Les transports entre la France et l'Algérie ne peuvent s'effectuer que par navires français, sauf les cas d'exceptions temporaires autorisées dans un but d'intérêt public. Le cabotage d'un port à l'autre de l'Algérie peut être effectué par navires français, algériens, et, jusqu'à ce qu'il en ait été ordonné autrement, par navires étrangers.

Les navires étrangers payent, à leur entrée dans les ports de l'Algérie, un droit de 4 francs par tonneau de jauge (Ordonn. du 16 décembre 1843), à moins que les dispositions d'un traité ou d'une convention internationale ne leur assurent le bénéfice d'un traitement plus favorable.

Sont affranchis de tous droits de navigation les navires français et les sandales algériennes, ainsi que les bateaux, même étrangers, affectés exclusivement à la pêche du poisson ou du corail.

Le seul droit exigé des bateaux français de tout tonnage est celui de *congé*, fixé uniformément à *un* franc par navire et par année.

Il n'existe pas de pilotes en Algérie ; lorsque les bâtiments prennent des pratiques, les salaires de ces derniers sont réglés de gré à gré.

ANGLETERRE (Grande-Bretagne et Irlande).

Dispositions générales. — Les relations de commerce et de navigation entre la France et l'Angleterre sont réglées par le traité du 26 janvier 1826, d'après les stipulations duquel les *navires français venant, avec ou sans chargement, d'un port de France et sans chargement d'un port quelconque* jouissent dans le Royaume-Uni du traitement national, quant *aux droits de tonnage et autres, affectant le corps des bâtiments.*

Cette assimilation conditionnelle de nos navires ne leur assure pourtant pas dans les ports britanniques, toutes les fois qu'ils y ont droit, le bénéfice du traitement des navires anglais. La situation défavorable ainsi faite à nos nationaux provient de ce qu'en Angleterre un certain nombre de taxes de navigation, connues sous des dénominations diverses et dont le taux n'est pas uniforme, sont perçues, en vertu d'actes an-

ciens, de prérogatives et de coutumes traditionnelles, au profit
de particuliers et, plus souvent, de corporations indépen-
dantes, qui exemptent de ces droits leurs affiliés, les perçoivent avec réduction ou par mode d'abonnement, et refusent, parfois, de faire jouir du même privilége les navires
étrangers assimilés. Le gouvernement anglais, auquel de
nombreuses réclamations ont été adressées, paraît impuissant
à faire cesser cet état de choses. Aussi, afin de ne pas exposer
à des mécomptes les capitaines et les armateurs, avons-nous
cru devoir indiquer, à l'article des ports mentionnés ci-après,
le taux des droits auxquels sont soumis les bâtiments étrangers, aussi bien que celui des taxes imposées aux navires
nationaux. Dans ceux à l'article desquels cette distinction n'est
pas établie, les droits sont les mêmes pour tout bâtiment, *quelle
que soit sa nationalité.*

DROITS DE PILOTAGE. — *Distance money.* — En ce qui concerne les *droits de pilotage*, les capitaines ne doivent pas per-
dre de vue que, dans la plupart des ports anglais, ce droit
augmente sensiblement (de 1 à 6 et quelquefois 10 guinées)
lorsque le bâtiment a été pris au large, en dehors des limites
de la station. Dans ce cas, le pilotage de haute mer *n'est jamais obligatoire*, et ce n'est que lorsque le pilote a fait connaître au capitaine l'indemnité supplémentaire (*distance
money*) qu'il aura à payer et que ses services ont été agréés,
que le droit surtaxé devient exigible.

Les navires au-dessous de 60 tonneaux ne sont pas astreints
à l'obligation de prendre un pilote. Il en est de même de ceux
d'un tonnage plus élevé dont les capitaines ont satisfait, en
Angleterre, à un examen par lequel ils ont justifié de leur
capacité nautique et de leur connaissance des passes, ports
et rades.

DROITS DE PHARE. — Les droits de feux sont fixés à un demi-
penny, par phare ou fanal et par tonneau de jauge, pour les côtes

de la Manche, et à un penny pour celles du canal de Bristol et du canal de St-Georges. En 1854, il a été fait sur la taxe générale un rabais de 25 pour 0/0, suivi, en 1857, d'un rabais de 15 pour 0/0. Pour les autres parties du littoral, ces taxes sont indiquées à l'article des ports les plus fréquentés. Il est utile de faire remarquer que, dans la circonscription de la Trinity House de *Newcastle* et de *Deptford Strond*, les navires en relâche ne sont pas assujettis au payement des droits de feux.

DROITS LOCAUX.

ANGLETERRE.

ARUNDEL (Sussex). — ***Droits de pilotage.*** — Entrée du port : 2 pence par tonneau de jauge ; sortie, 1 penny. — Conduite jusqu'au *Ford* et au delà, moitié en sus.

BERWICK-*Upon-Tweed.* — ***Droits de pilotage***, y compris le loyer d'une embarcation montée de 4 hommes : *navires anglais* (du 1er avril au 1er octobre), 1 sh. 4 d. par pied ; (du 1er octobre au 1er avril), 1 sh. 6 d. par pied ; *navires étrangers* (l'été) 1 sh. 11 d. ; (l'hiver), 2 sh. 3 d. par pied ; même prix à l'entrée qu'à la sortie. — Pilote pris à la marée dans l'intérieur du port : 7 sh. 6.

BLYTH. — ***Droits de navigation.*** — Mêmes tarifs qu'à Whitby (*V. Whitby et Newcastle*).

BRIDPORT. — ***Droits de pilotage.*** — Entrée ou sortie : navires tirant moins de 10 pieds, 2 sh. 6 d. par pied ;

Id. 10 pieds et plus, 3 sh. par pied. — De *Saint-Alban's Head* ou de *Bill of Portland* jusqu'en rade et au delà (***Distance money***), 2, 3, 4 ou 6 guinées suivant la distance.

BRISTOL. — Les droits de pilotage sont réglés ainsi qu'il suit : ils sont exigibles, que le navire ait été piloté ou non ;

STATION DE BRISTOL.	NAVIRES						
	de 80 à 100 t.	de 100 à 200 t.	de 200 à 300 t.	de 300 à 500 t.	de 500 à 600 t.	de 600 à 800 t.	de 800 à 1,000 t.
	l. sh.	l. sh.	l. sh.	l. sh.	l. sh.	l. sh.	l. sh.
Entre *Lundy* et *Coombe*...	1 1 »	1 8 »	1 15 »	2 2 »	2 9 »	2 16 »	3 3 »
— *Lundy, Swansea* ou *Minehead*.............	2 2 »	2 16 »	3 10 »	4 4 »	4 18 »	5 12 »	6 6 »
Entre *Lundy* et *Bridgewater, Cardiff* ou les *Holmes*	2 12 6	3 10 »	4 7 6	5 5 »	6 2 6	7 » »	7 17 6
Entre *Lundy* et *Newport* ou *Kingroad*.............	3 3 »	4 4 »	5 5 »	6 6 »	7 7 »	8 8 »	9 9 »
Entre *Coombe* et *Minehead*	1 1 »	1 8 »	1 15 »	2 2 »	2 9 »	2 16 »	3 3 »
— *Coombe* et *Bridgewater, Cardiff* ou les *Holmes*	1 11 6	2 2 »	2 12 6	3 3 »	3 13 6	4 4 »	4 14 6
Entre *Coombe* et *Newport* ou *Kingroad*..........	2 2 »	2 16 »	3 10 »	4 4 »	4 18 »	5 12 »	6 6 »
Entre *Minehead* et *Bridgewater, Cardiff* ou les *Holmes*.................	» 10 6	» 14 »	» 17 6	1 1 »	1 4 6	1 8 »	1 11 6
Entre *Minehead* et *Newport* ou *Kingroad*..........	1 1 »	1 8 »	1 15 »	2 2 »	2 9 »	2 16 »	3 3 »
Entre deux des points suivants : *Portishead, Kingroad, Hunyroad, Broad-Pill, Cumberland - Basin* ou *Bathurst-Basin*.....	» 10 »	» 15 »	1 » »	1 5 »	1 10 »	1 15 »	2 » »
Entre deux des points suivants : *Bridgewater, Cardiff, les Holmes, Newport* et *Kingroad*.............	» 10 6	» 14 »	» 17 6	1 1 »	1 4 6	1 8 »	1 11 6

Les bâtiments de moins de 80 tonneaux payent la moitié des droits afférents aux navires de 80 tonneaux, s'ils ne prennent pas de pilote, et la totalité s'ils en prennent un.

Le pilote retenu par un capitaine au mouillage de *Kingroad* reçoit 5 sh. par jour.

En sus du prix de pilotage, le capitaine de port a droit, pour examen du mémoire du pilote, à 1, 2, 3 ou 4 sh., suivant que le navire jauge 100, 200, 400 ou plus de 400 tonn.

*Droits, autres que ceux de pilotage, à acquitter par un navire
de 200 tonneaux, venant du Havre.*

Feux et fanaux (entrée seulement)...	3 l.	1 sh.	3 d.
Ancrage........................	»	17	6
Droit du maire..................	»	2	6
Avertissement.	»	10	»
Port ou dock....................	7	10	»

CARDIFF. — *Droits de pilotage.* — *Des Butc-Docks* ou de
la rivière *Ely* à l'un des points de la station et *vice versâ* :

Navires tirant moins de 9 pieds : 1 sh. 6 d. le pied ; de
9 à 12 pieds : 1 sh. 9 d.; de 12 à 15 pieds : 2 sh.; de quinze
et plus : 2 sh. 6 d. (*V. Bristol.*)

CHESTER. — *Droits de pilotage.* — *De la mer à Chester :*
navires anglais : 7 sh. par pied de calaison ; navires étrangers : 9 sh.; l'hiver (du 1er octobre au 31 mars), ces prix
sont augmentés de 1 sh. par pied. — Le pilote conservé à
bord est payé à raison de 5 sh. par jour.

CLAY. — *Droits de pilotage.* — Du 11 octobre au 6 avril
inclusivement : 1 sh. 6 d. par pied; du 6 avril au 11 octobre
inclus : 1 sh. 3 d. par pied ; *du port de Clay à Blakenay,*
retour compris : 2 sh. 6, par marée. — Les bâtiments étrangers paient double droit.

COWES ET PORTSMOUTH. — *Droits de pilotage.* — De cinq
milles des *récifs de Bembridge,* de 3 milles au large de
Dunnose, de *Sainte-Catherine* ou de 3 milles de la *pointe
des Aiguilles* à :

Spithead, Motherbank, Stoke's bay ou à *la rade de Cowes :*
navires tirant 17 pieds d'eau et au-dessous : 5 sh. par pied ;
de 17 à 20 pieds : 6 sh. ; au-dessus de 20 pieds : 7 sh. par
pied.

De deux milles en deçà des *bouées* de *Bembridge*, ou de 3 milles en deçà de la *pointe des Aiguilles* : 1 sh. par pied.

Le pilote pris au large des premières limites a droit, si c'est à trois lieues de l'île de Wight, à 2 l. 2 sh. ; à 6 lieues : 3 l. 3 sh. ; à 10 lieues : 4 l. 4 sh. de supplément (*Distance money*) ; ce taux est augmenté de 1 l. 1 sh. si le navire tire 15 pieds d'eau et au-dessus.

Pilotage d'entrée à *Cowes* : 1 sh. 6 pence par pied ; même droit à la sortie.

Outre le pilotage de mer, les bâtiments tirant 17 pieds et au-dessous payent 2 sh. par pied, d'en deçà de l'île de *Wight* aux quais de *Portsmouth*, de *Southampton*, de *Langstone* ou à *Buckler's Hard* ; ceux de plus de 17 pieds : 3 sh.

Les bâtiments remorqués par un vapeur payent *un tiers* de moins.

Déplacement, dans le port de Portsmouth, d'un navire de 200 tonneaux : 10 sh. 6 pence ; de 201 à 300 : 15 sh. ; de plus de 300 tonneaux : 21 sh. — Les bâtiments étrangers non assimilés paient 1/4 en sus.

Les droits sont réduits d'un quart pour les navires en relâche forcée.

Droits, autres que ceux de pilotage, à percevoir, à Portsmouth, sur un navire français de 200 tonn. venant du Havre avec chargement.

Feux et fanaux (non compris le retour) : 8 liv. 4 sh.

Ancrage : 3 sh. 4 d.

Cowes. — *Droits de port et d'ancrage* : 1 penny 1/2 par tonneau ;

Droits de phare : de Cherbourg à Cowes : 1/2 penny par tonneau.

Id :   de Bordeaux à Cowes : 3 pence 3/4.

Id.   de Bordeaux à Dunkerque, touchant à Cowes : 10 pence par tonneau.

Darmouth. — *Droits de pilotage.* — Limites de la station : *Bob's Nose* à *Bolt Head.*

Les navires accostés au delà de la passe de *Mewstone*, à l'*Est*, ou de *Blackstone*, à l'*O.*, payent, s'ils tirent 10 pieds d'eau et au-dessous : 2 sh. 6 d. par pied ; de 10 à 12 pieds : 3 sh. ; de 12 à 14 pieds : 3 sh. 6 d. ; de 14 à 16 : 4 sh. ; de 16 et plus : 5 sh. ; en deçà de ces limites, 1/4 en moins ; en deçà du *Château* : moitié seulement.

Entrée de *Brixham* ou de *Torquay* : navires tirant 10 pieds : 1 sh. 6 d. par pied ; de 10 à 12 pieds : 2 sh. et ainsi de suite, 6 pence d'augmentation par accroissement de *deux* pieds. Abordés en dedans des limites indiquées, ils payent 1/4 en moins ; à 1/2 mille des jetées, 1 sh. seulement par pied.

A la sortie, le pilotage est diminué d'un tiers.

Les bâtiments étrangers sont assujettis à une surtaxe de 1/4 du prix du tarif.

Douglas. (*Ile de Man*). — *Droits de pilotage.* — Navires de 40 à 60 tonneaux : 7 sh. ; de 60 à 100 tonneaux : 13 sh. ; de 100 tonneaux et plus : 20 sh.

Douvres. — *Droits de pilotage.* — A l'entrée comme à la sortie, 5 sh. par pied de tirant d'eau.

Droit de port. — Ce droit est payé par tous les bâtiments chargés, destinés pour un port d'Angleterre ou en provenant, qui ont passé ou sont présumés devoir passer dans les eaux du port. Il est de 3 pence par tonneau pour les nationaux et de 6 pence pour les étrangers non assimilés (1).

Ce même droit est perçu à l'entrée ainsi qu'à la sortie de Douvres, indépendamment du droit de port spécial à Ramsgate (*V.* ce port), si le bâtiment a passé dans les eaux de ce dernier.

---

(1) Ce droit n'est pas perçu sur les bâtiments charbonniers.

Droit de phare. — Navires au-dessous de 300 tonneaux : 2 pence par tonneau ; au-dessus de 300 tonneaux : 1/2 penny.

Droit de quai. — 1/8 de penny par tonneau.

Droit de ville — Par tonneau de marchandises embarquées ou déchargées : 1 penny.

Droit d'entrée : 5 sh. par navire.

Droit de dock ou de bassin. — Même taux que le précédent.

Dunes (Rade des). — *Droits de pilotage.* — Des *Dunes* à *l'île de Wight ;* navires calant 7 pieds au plus : 3 l. 8 sh. ; 8 pieds : 3 l. 19 sh. ; 9 pieds : 4 l. 10 sh. ; 10 pieds : 5 l. 1 sh.; 11 pieds : 5 l. 12 sh.; 12 pieds : 6 l. 1 sh.; 13 pieds : 6 l. 11 sh. ; 14 pieds : 7 l. 2 sh. ; 15 pieds : 7 l. 11 sh.; 16 pieds : 8 l. 2 sh. ; 17 pieds : 8 l. 10 ; 18 pieds : 9 l. 18 sh.; 19 pieds : 11 l. 14 sh ; 20 pieds : 13 l. 10 sh. Navires étrangers : 1/4 en sus, excepté quand ils sont chargés de blé, poissons ou denrées à destination de la Grande-Bretagne.

De *South-Foreland aux Dunes* : navires de moins de 250 tonneaux : 1 l. 2 sh. 6 d. ; de 250 à 400 tonneaux : 1 l. 7 sh. ; de 400 à 600 tonneaux : 1 l. 16 sh.; de plus de 600 tonneaux : 2 l. 17 sh.

(*V. Londres et Folkstone.*)

Dungeness (Pointe de). — Trois cutters ayant à bord des pilotes croisent incessamment entre cette pointe et Folkstone. Ils sont spécialement affectés à la conduite des navires dans la Tamise et la Medway. Tout bâtiment, destiné pour un port de ces rivières, doit, à moins qu'il n'ait déjà un pilote à bord, hisser le signal pour en demander un, dès qu'il se trouve par le travers de Dungeness, et le conserver jusqu'à ce qu'il ait dépassé la *bouée sud du Brake.* — Amende du double du pilotage, au maximum, contre le capitaine qui n'aurait pas facilité aux pilotes les moyens de monter à bord. (Avis de la Trinity House de Londres, 7 novembre 1857.)

Falmouth. — *Droits de pilotage.* — Limites de la station :
du Dodman au cap Lizard. — Pilotage de la mer à la rade de
Carrick ou à *Falmouth* : 21, 26, 31, 37, 40, 44, 48, 53, 59,
66, 74, 83, 92 ou 105 sh., suivant que le navire cale 8, 10,
11, 12, 13, 14, 15, 16, 17, 18, 19, 20, 21 ou 22 pieds.

De *Carrick Roads* à *Falmouth* et *vice versá* : 1 sh. 6 d. par
pied de calaison.

Le pilote, pris en dehors d'une ligne tirée des *Manacles au
Dodman* ou au delà *du cap Lizard*, a droit, dans le premier
cas, si le navire jauge 200, 250 à 500 ou 500 tonneaux et plus,
à 10 sh. 6 d. à 1 ou 2 guinées ; dans le second, à 1, 2 ou
3 guinées. (*Distance money.*)

Les navires étrangers payent 1/4 en sus.

*Droits, autres que les précédents, à payer par un navire de
200 tonneaux chargé, venant du Havre :*

Fanaux : 4 l. 3 sh. 4 p. (aller et retour compris.)
Ancrage : 2 sh. 6 pence.

Folkstone. — *Droits de pilotage.* — Conduite, depuis *Dungeness* jusque par le travers de *Folkstone*, d'un navire de 60 à
150 tonneaux : 1 l. 16 sh ; de 150 à 250 tonneaux : 2 l.
14 sh. ; de 250 à 400 tonneaux : 3 l. 3 sh ; de 400 à 600 tonneaux : 3 l. 12 sh ; de 600 tonneaux et plus : 4 l. 14 sh. 6 d.

De *Folkstone* à *South-Foreland*, pour la même série de tonnages : 1 l. 7 sh. ; 1 l. 16 sh. ; 2 l. 5 sh. ; 2 l. 14 sh. et 3 l.
15 sh. 6 d.

(*V. Londres et les Dunes.*)

Fowey. — *Droits de pilotage.* — Pilotage d'*entrée* dans
les ports de *Fowey* ou de *Looe* : bâtiments de 100 tonneaux ;
2 sh. par pied ; de 100 à 150 tonneaux : 2 sh. 6 d. ; et ainsi
de suite : 6 pence d'augmentation par chaque supplément de
50 tonneaux. En dehors du *Looe* ou du *Dodman* : 1 sh. de
supplément par pied.

Pilotage de sortie : 2/3 des prix du tarif d'entrée ;

Navires abordés à 3 lieues de *Looe* ou du *Dodman* : 3 guinées ; à six lieues : 4 guinées ; à 10 lieues : 6 guinées. (*Distance money.*)

Navires étrangers: 1/4 en sus des prix indiqués.

GAINSBOROUGH (Comté de Lincoln). — *Droits de pilotage.* — Même tarif que celui de Goole.

GLOUCESTER (Station de la *Severn*), *Droits de pilotage.* — Navires tirant moins de 7 pieds : 2 sh. 6 d. par pied ; de 7 à 10 pieds, 3 sh. ; de 10 à 12 pieds, 3 sh. 6 d. ; de 12 à 14 pieds, 4 sh. ; de 14 pieds, et plus, 5 sh. ; pilotes retenus à bord , par jour, 7 sh. 6 d.

Les bâtiments étrangers payent 1/4 en sus.

GOOLE (Comté d'York). — *Droits de pilotage.* — De la rade de *Hull*, dans l'*Humber*, ou de l'intérieur de la rivière au port de *Goole* : *navires anglais* calant moins de 6 pieds : 3 sh. 6 d. par pied ; de 6 à 8 pieds : 4 sh. ; de 8 à 10 pieds : 4 sh. 6 d. ; de 10 pieds et au-dessus : 5 sh. — *Navires étrangers ;* pour des tirants d'eau équivalents : 4 sh. 4 d., 5 sh., 5 sh. 1 d. 1/2, et 6 sh. 3 d. par pied. — Les navires remorqués par un vapeur ne payent que les 2/3 du tarif.

(*V. Gainsborough.*)

GRIMSBY. — *Droits de pilotage.* — De la *mer* (*le North-ness de Dimlington* étant relevé à l'O. S. O. dans le N. de *Kilnsea North Cliff*) à *Grimsby* : 2 sh. 6 d. par pied ;

De la *mer* (*Kilnsea North Cliff* étant relevé à l'O. N. O. dans le nord de *New Sand Buoy*) ou du feu flottant *de l'Humber* à *Grimsby* : 1 sh. 6 d. par pied ;

De *Spurn High Light*, relevé dans le N. E., à *Grimsby* : 1 sh. par pied ; de *Grimsby* à *Kingston-upon-Hull*, 2 sh. 6 par pied. Les bâtiments étrangers payent 1/4 en sus.

HARTLEPOOL. — Même tarif qu'à Sunderland. (*V. Sunderland et Newcastle.*)

HARWICH. — *Droits de pilotage.* —De la mer ou d'*Orford-ness* au port, jusqu'à 10 pieds de calaison : 2 l. 2 sh. ; de 10 à 13 pieds : 3 l. 3 sh.; de 13 pieds et au-dessus : 4 l. 4 sh. — Pilotage de sortie : 1 l. 11 sh., 6 d., 2 ou 3 guinées, suivant le tirant d'eau. — Rivière *Stour* : 1 sh. à 3 sh., par *Keel*, suivant la distance.

Les navires étrangers payent un quart en sus.

HASTINGS, — *Droits de pilotage.* — De *Dungeness* à *Hastings* : même tarif que celui de *Dungeness* à *Newhaven* (voir à l'article de ce port.) Conduite à la plage d'*Hastings* : navires tirant 8 pieds d'eau et au-dessous : 1 sh. 3 d. par pied ; de 8 à 10 pieds : 1 sh. 9 d. ; de plus de 10 pieds : 2 sh. Même tarif à la sortie. — Les étrangers payent un quart en sus.

HOLYHEAD. — *Droits de pilotage.* — Pilotage à l'entrée ou à la sortie de l'*ancien* ou du *nouveau port* : navires de 50 à 100 tonneaux : 10 sh. 6 d. ; de 100 à 200 tonneaux : 1 l. 1 sh.; 200 à 300 tonneaux : 1 l. 11 sh. 6 d. ; 300 à 400 tonneaux : 1 l. 16 sh. 9 d. ; 400 à 500 tonneaux : 2 l. 2 d.; 500 à 600 tonneaux : 2 l. 7 sh. 3 d.; plus de 600 tonneaux ; 7 sh. de supplément par cent tonneaux.—*Distance money :* le pilote monté à bord *à 3 lieues dans le S. ou dans l'O.* de Holyhead a droit à 3 guinées de supplément; s'il conduit le navire à Liverpool, à 5 guinées ; s'il est retenu en service à bord, à 7 sh. 6 d. par jour.

Les navires étrangers payent un 1/4 en sus.

Droits d'ancrage : 1 sh. par tonneau.

HULL. — (*V. Kingston-upon-Hull*).

HUMBER (station de l'). — Pilotage de la côte E. d'Angleterre. — *De l'Humber* :

1° *Aux Dunes* : l'été (31 mars au 30 septembre), 10 sh. par pied; l'hiver, 12 sh. 6 d.;

2° *Au Nore* : 8 sh. et 10 sh. 6 d., suivant la saison;

3° *A Yarmouth* : 5 et 6 sh. 6 d.;
4° *A Bridlington* : 3 et 4 sh. par pied ;
5° *A Stockton, Sunderland* ou *Shields* : 5 sh. et 6 sh. 6 d.;
6° *A Leith* : 8 sh. et 10 sh. 6 d. par pied.
Les étrangers payent 2 sh. 6, par pied, en sus.

Ipswich. — *Droits de pilotage.* — De *Downhan Reach* à *Levington Creek*, ou de ce dernier point à *Harwich* : 6 pence par pied de calaison; des autres points de la station, 1 sh. à 1 sh. 3 d. par pied.
Les bâtiments étrangers payent *le double*.

King's Lynn (Norfolk). — *Droits de pilotage.* — Navires calant 10 pieds : 1 sh. 6 d. par pied; de 10 à 12 pieds : 1 sh. 9 d.; de 12 à 14 pieds 1/2 : 2 sh. ; de plus de 14 1/2 : 2 sh. 6 d.; les bâtiments étrangers payent *le double*.

Kingston-upon-Hull. — *Droits de pilotage.* — *De la mer à Kingston-upon-Hull*, et *vice versâ* : 1 sh. 6 d., 3 sh. 6 d., 4 ou 5 sh. par pied suivant la distance à laquelle le navire a été pris. Les pilotes sont tenus de la déterminer et d'exhiber le tarif à leur arrivée à bord.
Les étrangers payent 1/4 en sus.

Hull. — *Droits de Bassin* (dock); navires venant :

1° de l'est d'Ouessant : 10 pence ;
2° de l'ouest d'Ouessant : 1 sh. 3 pence ;
3° de la Méditerranée : 1 sh. 9 pence.

Droit de la Trinity-House (bouées) : 1 penny par tonneau.
Droit de ville. — Par navire : 9 shillings.
Droits des ports de Ramsgate et de Douvres (1): 3 pence 1|2 par tonneau à l'entrée.

---

(1) V. à l'article de ces ports.

Droits de phares ou feux : navires venant :

De Dunkerque ou de Calais : 4 pence 3/4 par tonneau.
De Bordeaux : 13 pence 3|4 (aller et retour) par tonneau.

LIVERPOOL. — *Tarif des droits de pilotage.* — Pilotage d'un navire anglais :

Depuis l'extrémité N. de *Great Ormes Head*, relevée dans le sud 1/4 ouest, ou avant qu'elle ne se confonde avec *Penman Buchan* : 9 sh. par pied ;

Depuis l'extrémité E. de *Great Ormes Head*, etc., 8 sh. par pied ;

Depuis le travers de la maison unique construite sur *Great Hilbre Island*, relevée dans le S. S. O. du compas, ou de *la rade de Hoylake*, ou *de la bouée de Fairway, dans le canal de Formby* : 4 sh. par pied ;

Pour des distances équivalentes, les navires étrangers paient 12 sh., 11 sh. ou 5 sh. 6 d. par pied.

Pilotage de sortie, soit par le *Rock*, soit par *Formby Channel* : 4 sh. par pied ; bâtiments étrangers : 8 shillings.

Pilote retenu à bord : 5 sh. par jour ; service du bateau pilote 2 l. 2 sh.

Conduite à *Gawston* et *vice versâ* : 2 l. ; à *Birkenhead* et *vice versâ* : 1 l. 10 sh. ; passage d'un bassin dans un autre : 1 livre.

Droits autres que ceux de pilotage.

Feux et fanaux (pour le voyage du Havre à Liverpool et retour), 12 l. 10 sh.
Feux de port : 2 l. 9 sh. *pour un navire* de 200 tonneaux.
Droit de dock : 5 livres.

LONDRES.

TARIF DES DROITS DE PILOTAGE.

LONDRES. — Tarif des droits de pilotage.

DE	Nos d'ordre	A	7	8	9	10	11	12	13	14	15	16	17	18	19	20
			l. sh.	l. sh.	l. sh.	l. sh.	l. sh.	l. sh.	l. sh.	l. sh.	l. sh.	l. sh.	l. sh.	l. sh.	l. sh.	l. sh.
La mer, Orforduess ou Hoseley-Bay	1	Nore ou aux Warps	3 13 6	4 2 9	4 12 »	5 1 3	5 5 9	6 5 »	6 13 6	7 7 3	7 16 6	8 14 9	9 8 6	10 17 »	11 10 »	12 17 6
	2	Gravesend, Chatham, Standgate-Creek ou Black-Stakes	4 12 »	5 7 9	6 3 3	6 18 »	7 11 9	8 5 6	8 19 6	9 13 3	10 7 »	11 9 »	11 14 6	14 1 6	16 13 »	19 6 6
	3	Woolwich ou Blackwall	5 5 9	6 1 6	6 17 »	7 11 9	8 10 3	9 4 »	10 2 6	11 9 »	11 14 6	12 8 6	14 3 6	16 5 9	19 11 »	22 1 6
	4	Mouillage de Londres, Docks	5 16 »	6 9 0	7 5 6	7 17 3	8 19 6	9 13 3	10 11 6	11 10 »	12 8 6	13 2 3	14 14 6	17 6 »	20 10 3	23 4 6
Nore ou des Warps	5	La mer, Orfordness ou Hoselay-Bay	3 6 »	3 14 »	4 3 »	4 11 »	4 15 »	5 12 »	6 » »	6 13 »	7 1 »	7 17 »	8 10 »	9 16 »	10 7 »	11 12 »
Gravesend, Chatham, Standgate, etc.	6	—	4 3 »	4 17 »	5 11 »	6 4 »	6 16 »	7 9 »	8 2 »	8 14 »	9 6 »	9 19 »	10 11 »	12 13 »	15 » »	17 18 »
Long-Reach	7	—	4 7 »	5 1 »	5 15 »	6 8 »	7 3 »	7 17 »	8 10 »	9 » »	9 15 »	10 7 »	11 17 »	13 18 »	16 14 »	19 3 »
Woolwich ou Black-wall	8	—	4 15 »	5 9 »	6 4 »	6 16 »	7 13 »	8 6 »	9 2 »	9 19 »	10 11 »	11 4 »	12 15 »	14 13 »	17 12 »	19 17 »
Londres, les Docks	9	—	5 5 »	5 17 »	6 9 »	7 2 »	8 2 »	8 14 »	9 10 »	10 7 »	11 4 »	11 16 »	13 5 »	15 6 »	18 19 »	20 18 »
La mer ou des Dunes (et vice versé)	10	Nore, Warps, Gravesend	3 6 »	3 14 »	4 3 »	4 11 »	4 15 »	5 12 »	6 » »	6 13 »	7 1 »	7 17 »	8 10 »	9 16 »	10 7 »	11 12 »
	11	Long-Reach	4 7 »	5 1 »	5 15 »	6 8 »	7 3 »	7 17 »	8 10 »	9 » »	9 15 »	10 7 »	11 17 »	13 18 »	16 14 »	19 3 »
	12	Woolwich ou Blackwall	4 15 »	5 9 »	6 4 »	6 16 »	7 13 »	8 6 »	9 2 »	9 19 »	10 11 »	11 4 »	12 15 »	14 13 »	17 12 »	19 17 »
	13	Londres ou aux Docks	5 5 »	5 17 »	6 9 »	7 2 »	8 2 »	8 14 »	9 10 »	10 7 »	11 4 »	11 16 »	13 5 »	15 6 »	18 19 »	20 18 »
Nore ou des Warps (et vice versé)	14	Gravesend	1 15 »	1 19 »	2 2 »	2 5 »	2 14 »	3 » »	3 3 »	3 8 »	3 14 »	4 1 »	4 11 »	5 5 »	6 2 »	7 9 »
	15	Long-Reach, Chatham	2 2 »	2 5 »	2 10 »	2 14 »	3 2 »	3 11 »	3 14 »	3 18 »	4 4 »	4 15 »	5 5 »	6 2 »	7 9 »	8 14 »
	16	Woolwich ou Blackwall	2 10 »	2 15 »	3 1 »	3 6 »	3 14 »	4 7 »	4 9 »	4 18 »	5 5 »	5 19 »	6 8 »	7 7 »	8 6 »	10 9 »
	17	Londres ou aux Docks	2 18 »	3 4 »	3 10 »	3 14 »	4 7 »	4 15 »	5 4 »	5 12 »	6 » »	6 8 »	7 5 »	8 6 »	9 19 »	11 12 »
Gravesend (et v. versé)	18	Long-Reach	» 9 »	» 13 »	» 18 »	1 3 »	1 7 »	1 11 »	1 15 »	1 19 »	2 4 »	2 8 »	2 12 »	2 16 »	3 » »	3 4 »
	19	Woolwich ou Blackwall	1 1 »	1 5 »	1 9 »	1 13 »	2 » »	2 8 »	2 16 »	3 4 »	3 11 »	3 17 »	4 4 »	4 11 »	5 12 »	6 16 »
	20	Londres ou les Docks	1 5 »	1 11 »	1 16 »	2 2 »	2 10 »	2 18 »	3 6 »	3 14 »	4 3 »	4 11 »	4 19 »	5 8 »	6 15 »	7 17 »
	21	Sheerness ou Standgate-Creek	2 10 »	2 13 »	2 15 »	2 18 »	3 6 »	3 14 »	4 3 »	4 11 »	4 19 »	5 8 »	5 16 »	6 4 »	6 13 »	7 1 »
	22	Chatham	2 18 »	3 1 »	3 3 »	3 6 »	3 14 »	4 3 »	4 11 »	4 19 »	5 8 »	5 16 »	6 4 »	6 13 »	7 1 »	7 9 »
Long-Reach (et vice versé)	23	Woolwich ou Blackwall	» 17 »	1 » »	1 2 »	1 5 »	1 13 »	2 2 »	2 10 »	2 18 »	3 6 »	3 14 »	4 3 »	4 13 »	5 5 »	5 16 »
	24	Londres ou aux Docks	1 5 »	1 8 »	1 11 »	1 13 »	2 2 »	2 10 »	2 18 »	3 6 »	3 11 »	4 3 »	4 13 »	5 5 »	5 16 »	6 13 »
	25	Sheerness ou Standgate-Creek	2 18 »	3 1 »	3 3 »	3 6 »	3 14 »	4 3 »	4 11 »	4 19 »	5 8 »	5 16 »	6 4 »	6 13 »	7 1 »	7 9 »
	26	Chatham	3 6 »	3 10 »	3 12 »	3 14 »	4 3 »	4 11 »	4 19 »	5 8 »	5 16 »	6 4 »	6 13 »	7 1 »	7 9 »	7 17 »
	27	Londres ou les Docks	» 17 »	1 » »	1 2 »	1 5 »	1 7 »	1 9 »	1 13 »	1 17 »	2 2 »	2 5 »	2 10 »	2 14 »	2 18 »	3 2 »
Woolwich ou Black-wal (et vice versé)	28	Sheerness ou Standgate-Creek	3 6 »	3 10 »	3 12 »	3 14 »	4 3 »	4 11 »	4 19 »	5 8 »	5 16 »	6 4 »	6 13 »	7 1 »	7 9 »	7 17 »
	29	Chatham	3 14 »	3 18 »	4 1 »	4 3 »	4 11 »	4 19 »	5 8 »	5 16 »	6 4 »	6 13 »	7 1 »	7 9 »	7 17 »	8 6 »

The numeric columns 7 to 20 are headed **NOMBRE DE PIEDS DE TIRANT D'EAU.**

Les vapeurs et les bâtiments remorqués ont droit, ces derniers seulement pour la distance parcourue à la remorque, à une réduction de 1/4 du prix ci-dessus.

Londres (*suite*). — Les bâtiments de 70 tonneaux au plus, chargés principalement de blé, poissons ou denrées alimentaires, payeront, du 25 mars au 29 septembre :

1° De la mer à Londres, *et vice versâ*, 4 l. 14 sh. 6 d.;
2° De Gravesend à Londres,   —   1 l. 5 sh.

Ceux qui jaugent de 70 à 100 tonneaux payeront, pendant la même saison :

1° De Londres à Gravesend, 1 l. 5 sh.;
2° De Londres au Nore, 2 l. 18 sh.;
3° De Londres à la mer, 5 l. 5 sh.

Il est dû au pilote qui fait entrer dans un bassin ou sur une cale sèche un navire de 300 tonneaux et au-dessous, 15 sh.; de 300 tonneaux à 600, 1 l. 1 sh.; de 600 à 1,000 tonneaux, 1 l. 11 sh. 6 ; au-dessus de 1,000 tonneaux, 2 guinées.

Droits de pharc. — Les navires, venant d'un port situé au delà d'Ouessant ou d'un port de la Méditerranée, payent tous les feux de la Manche et du Pas-de-Calais, soit : 3 p. 3/4 par tonneau, pour l'aller et autant pour le retour. De plus, ils ont à acquitter, pour les feux de Foreland, Dungeness et Longships, 1 p. 1/4 par tonneau. Mêmes droits au retour, moins celui de Longships, qui est de 1 penny. Les navires venant des ports de Dunkerque, de Calais ou de Boulogne, payent les droits pour ces trois derniers feux seulement.

Droit de lest. — Ce droit est perçu par une compagnie qui a le monopole de la fourniture du lest et de son déchargement. Il est fixé à 1 sh. 3 p. par tonneau pour les nationaux et à 1 sh. 7 p. pour les étrangers non assimilés.

Droits de tonnage ou de docks. — Navires venant des ports de France situés en deçà d'Ouessant ou y allant, par tonneau de 1 m. cube 1327, 1/2 penny (0 fr. 05).

Navires venant des ports de France situés au delà d'Ouessant ou s'y rendant, 3/4 de penny (0 fr. 08) par tonneau.

Sont affranchis de ces droits les navires :

1° Au-dessous de 45 tonneaux de jauge ;
2° Sur lest :
3° Chargés de marchandises pour l'exportation.

Droits de la Trinity House ou *Buoyage, Beaconage, Land-manage,* affectés à l'entretien des bouées, signaux, chenaux, etc. » — 1 penny par tonneau anglais pour les navires nationaux, le double pour les étrangers non assimilés.

Droit de certificat. — 6 sh. par bâtiment.

État des frais qu'aura à acquitter (approximativement) un navire français de 200 tonneaux chargé, venant de Bordeaux :

	liv.	sh.	d.
Feux (aller et retour).....................	11	10	3
Pilotage D°.........................	25	14	6
Trinity-House........................ ...	»	16	8
Droits spéciaux des ports de Douvres (1).....	2	10	»
— Ramsgate (1)....	3	6	8
Certificat...........................	»	6	»
Docks ou Tonnage.....................	»	12	10
	44	16	11

LOWESTOFT. — *Droits de pilotage.* — Entrée et sortie de *Lowestoft* : du 1er mai au 31 octobre, 1 sh. 3 d. par pied de calaison ; pendant l'hiver, 1 sh. 6 d. Navires étrangers, un quart en sus. (Voir *Yarmouth.*)

MARGATE.—*Droit de pilotage*, 5 sh. par pied de tirant d'eau.

---

(1) V. à l'article de ce port.

Newcastle. — *Droits de pilotage.*—De *Newcastle* à *North-shields*, 1 sh. 6 d. par pied, et de *Bill-Point* sur la rivière, 1 sh. par pied.

Sont affranchis de l'obligation de prendre un pilote les navires français qui abordent dans un des ports de la circonscription de *la Trinity-House* de *Newcastle* (Newcastle, Shields, Sunderland. Whitby, Blyth, Hartlepool, Stockton et Seaham) (Acte du mois d'avril 1849).

Droits de feux. (Voir *Sunderland.*)

Newhaven. — *Droits de pilotage.* — Conduite d'un navire depuis *Dungeness* jusqu'à l'extrémité O. des *Owers* : Bâtiment calant moins de 7 pieds, 2 l. 16 sh. 6 d.; 7 à 10 pieds, 4 l. 4 sh. 6 d.; 11 pieds, 4 l. 13 sh.; 12 pieds, 5 l. 1 sh. 6 d.; 13 pieds, 5 l. 9 sh. 6 d.; 14 pieds, 5 l. 18 sh.; 15 pieds, 6 l. 6 sh.; 16 pieds, 6 l. 15 sh.; 17 pieds, 7 l. 2 sh.; 20 pieds, 11 l. 15 sh.; plus de 20 pieds, 13 l. 10 sh.

Entrée du port, embarcation d'aide comprise : Navires de 8 pieds de tirant d'eau et au-dessous, 1 sh. 6 d. par pied; de 8 à 11 pieds, 1 sh. 9 d.; de 11 à 14 pieds, 2 sh. 6 d.; au-dessus de 14 pieds, 3 sh. par pied.

Même tarif à la *sortie*. Les navires étrangers payent un quart en sus.

New-Holland. — *Droits de pilotage.* — De *New-Holland* à *Kingston-upon-Hull*, ou points intermédiaires, *et vice versâ*, 6 pence par pied. Navires étrangers, un quart en sus.

Newport. — *Droits de pilotage.* —De *Newport* à l'embouchure de l'*Usk* : Navires tirant moins de 9 pieds, 1 sh. par pied; de 9 à 12 pieds, 1 sh. 3 d.; de 12 à 15 pieds, 1 sh. 6; de plus de 15 pieds; 2 sh.; 6 pence en plus par pied pour un bâtiment piloté *au delà de l'embouchure.*—De *Newport* à *Pennarth* (en l'absence d'un pilote de Bristol), 1 sh. 9 d., 2 sh., 2 sh. 6 d. ou 3 sh., suivant le tirant d'eau. — Pilotes emploÿés à la marée, de 2 à 7 sh. 6 d. par marée, d'après le tonnage des bâtiments.

Les navires étrangers payent un quart en sus des tarifs, qui sont les mêmes à l'entrée et à la sortie.

ORCADES. (Voir *Leith.*)

PENZANCE. — *Droits de pilotage.* — Station du *cap Lizard* au *cap Cornwall.* De la mer au quai et *vice versâ* : Navires tirant 7 pieds d'eau, 10 sh.; 8 à 10 pieds, 16 sh.; 11 pieds, 21 sh.; 12 pieds, 30 sh.; 13 pieds, 35 sh.; 14 pieds, 40 sh.; 15 pieds, 45 sh.; 17 pieds, 55 sh.; 18 pieds, 60 sh., et ainsi de suite; frais supplémentaires pour distance parcourue hors des limites (*Distance money*), 2 l. 2 sh. au plus.

Les bâtiments étrangers payent un quart en sus.

PLYMOUTH. — *Droits de pilotage.* — Limites de la station : *Looc* à l'O., *le Start* à l'E.—Navires qui, abordés *en deçà* d'une ligne tirée de *Mewstone* à *Penlee Point*, ont été conduits à Plymouth, *et vice versâ*, 2 sh. 6 d. par pied de calaison, pour les navires tirant 14 pieds et plus; 2 sh. pour ceux qui tirent moins de 14 pieds.—Navires conduits à *Catwater* et *vice versâ*, 4 ou 3 sh.; à *Sutton Pool* et *vice versâ*, 4 ou 3 sh., suivant le tirant d'eau. Navires qui, abordés *au delà* de la ligne sus indiquée, ont été conduits à *Plymouth, et vice versâ*, 3 sh. et 2 sh. 6; à *Catwater* ou à *Sutton Pool*, 5 ou 4 sh., suivant le tirant d'eau.

Les navires *rentrant* à Plymouth en relâche forcée ne payent que le demi-pilotage.

Tout navire piloté hors des limites payera en sus, par lieue de distance, *un quart du pilotoge dû pour conduite de la mer à Plymouth* (*Distance money*).

Les étrangers payent un quart en sus des prix portés au tarif.

POOL. — *Droits de pilotage.* — Limites de la station : De

Christchurch à *St Alban's-Head.* — De *Studland Bay* au quai de *Poole*, 3 sh. par pied de tirant d'eau ; de *Studland Bay* à *Brownsea*, 2 sh. par pied ; *des limites* de la station au quai de *Poole*, 4 sh. par pied. Mêmes tarifs pour le pilotage de sortie. Les navires étrangers payent un quart en sus.

PORTSMOUTH. (Voir *Cowes.*)

RAMSGATE. — *Pilotage* d'entrée et de sortie, 5 sh. par pied de tirant d'eau.

Droit de port. — Ce droit se perçoit sur tous les bâtiments, chargés ou non, destinés pour un port d'Angleterre ou en sortant, qui ont passé ou sont présumés devoir passer dans les eaux du port de Ramgstate (1). Il est de 4 pence par tonneau pour les bâtiments anglais et de 8 pence pour les étrangers non assimilés.

Droit de phare. — 4 pence par tonneau.

RYE. — *Droits de pilotage.* — Limites de la station : *Dungeness* à *Beachy Head.* — Pilotage de la mer au port de *Rye et vice versâ* : Navires tirant 8 pieds d'eau et au-dessous, 1 sh. 9 d. par pied ; de 8 à 10 pieds, 2 sh. 3 d. ; de 10 à 13 pieds, 3 sh. ; plus de 13 pieds, 4 sh. par pied ;

De la mer à la ville de *Rye*, 2 sh. 3 d., 2 sh. 9 ou 3 sh. 6 par pied, suivant le tirant d'eau.

Les navires en relâche ou remorqués ne payent que les deux tiers des prix ci-dessus ; les étrangers payent un quart en sus.

Droit de port. — Par tonneau et par voyage, 6 pence.
Droit de feux. — Taux moyen, 4 pence par tonneau.

SANDWICH. — *Pilotage* d'entrée et de sortie, 5 sh. par pied de tirant d'eau.

---

(1) Ce droit n'est pas perçu sur les bâtiments charbonniers.

Seaham. — Même tarif qu'à Sunderland. (Voir *Sunderland* et *Newcastle*)..

Shields. — *Droits de pilotage.* — Pilotage d'entrée dans le port de *Shields* : Du 1er avril au 1er octobre, 1 sh. 3 d. par pied de calaison; du 1er octobre au 1er avril, 1 sh. 6 d. par pied.

Le pilotage n'est pas obligatoire. (Voir *Newcastle.*)
Mêmes prix à la sortie.

Shoreham. — *Droits de pilotage.* — Pilotage d'entrée : Navires calant 8 pieds et au-dessous, 1 sh. 6 d. par pied; de 8 à 10 pieds, 1 sh. 9 d.; de 10 pieds et plus, 3 sh. Mêmes prix à la sortie. Les navires abordés en dedans de la barre ne payent qu'un quart, et les navires remorqués qu'un tiers du pilotage.

Les navires étrangers payent un quart en sus.

Sorlingues (Iles Scilly ou). — *Droits de pilotage.* — Entrée et sortie dans l'un des ports de ces îles : Navires de 60 tonneaux et au-dessous, 2 l. 2 sh.; de 80 tonneaux, 2 l. 7 sh.; de 100 tonneaux, 2 l. 12 sh. 6 d.; de 120 tonneaux, 2 l. 19 sh. 2 d.; de 150 tonneaux, 3 l. 9 sh. 2 d.; de 200 tonneaux, 4 l. 4 sh.; de 250 tonneaux, 5 l. 8 sh.; de 300 tonneaux, 5 l. 15 sh. 6; de 350 tonneaux, 6 l. 6 p.; de 400 tonneaux, 6 l. 6 sh.; de 450 tonneaux, 7 l. 6 sh.; de 500 tonneaux, 8 l. 6 sh.; de 600 tonneaux, 9 l. 16 sh.; de 700 tonneaux, 11 l. 1 sh.; de 800 tonneaux, 12 l. 1 sh.; de 900 tonneaux, 12 l. 16 sh. (1). Les prix indiqués comprennent l'entrée et la sortie; le pilote qui ne guide le navire qu'à l'entrée a droit aux deux tiers du pilotage complet. — Les navires étrangers payent un quart en sus.

Southampton. — *Droits de pilotage.* — Limites de la sta-

____

(1) Il y a des prix proportionnels pour les tonnages intermédiaires.

tion : de la rade de *Cowes* (Ile de Wight), *Stokes bay* et *Spithead* aux ports de la rivière de *Southampton*.

Pilotage de l'île de Wight à *Southampton*, *Hamble* et *Bursledon* : jusqu'à 17 pieds de tirant d'eau, 2 sh. par pied ; de 17 pieds et au-dessus, 3 sh. par pied. Tout navire qui, destiné pour Southampton, n'est accosté par le pilote que par le travers de *Calshot-Castle*, ne paye qu'un tiers du pilotage.

De *Southampton* à *la mer* : Navires calant 17 pieds et au-dessous, 6 sh. par pied ; de 17 à 20 pieds, 7 sh. ; de plus de 20 pieds, 9 sh. par pied ;

Changement de place dans l'intérieur de la rade ou de la rivière, 1 sh. et 1 sh. 6 d. par pied.

Les bâtiments étrangers payent un quart en sus.

Pilote retenu à bord, 7 sh. 6 d. par jour.

Droits de port, 2 pence par tonneau ; — *Feux du port*, 1 penny par tonneau ; — *Feux des côtes*, 5 pence par tonneau (taux moyen).

Droit de chaîne. — Navires au-dessous de 100 tonneaux, 2 sh. 6 d. ; de plus de 100 tonneaux, 5 sh.

Spalding (Comté de Lincoln). — *Pilotage* des navires anglais, 1 et 2 sh. par pied de calaison ; navires étrangers, 4 sh. par pied.

Stockton. — Entrée et sortie de *Stockton-on-Tees* : Pilotage de la mer à *la Tees et vice versâ*, du 1er avril au 1er octobre, 1 sh. 3 d. par pied ; d'octobre à avril, 1 sh. 6 par pied ; — Pilotage de *Stockton River*, 1 sh. 6 d. en toute saison.

Le pilotage n'est pas obligatoire pour les navires français. (Voir *Newcastle*.)

Sunderland. — *Droits de pilotage.* — Pilotage d'entrée, du 1er avril au 1er octobre, 1 sh. 3 d. par pied de tirant d'eau ; d'octobre à avril, 1 sh. 6 d. Même prix à la sortie.

Le pilotage n'est pas obligatoire pour les navires français. (Voir *Newcastle*.)

Droits de rivière. — 1 penny par tonneau.

Droits de garde. — Même prix.

Droits de feux. — Savoir :

Feux du port, 1/2 penny par tonneau ;

Feux de côtes : Navires venant :

1° D'au delà d'Ouessant ou d'un port de la Méditerranée, 8 pence par tonneau ;

2° D'un port compris entre Ouessant et Dunkerque, chaque phare, depuis le plus voisin du méridien du port de départ jusqu'au phare d'arrivée en Angleterre, à raison de 1/2 penny par phare et par tonneau ;

3° De Dunkerque, 3 pences 3/4 par tonneau.

Droits de Ramsgate et de Douvres (1).

Swansea. — *Droit de port.* — 5 pence 1/4 par tonneau.

Droit de feux. — 8 pence 1/2 par tonneau.

Teignmouth. — *Droits de pilotage.*—Limites de la station : de *Lyme* à *Bob's Nose*, sauf le port d'*Exmouth*.

Barre de Teignmouth. 1° *Entrée* : Navires de 60 à 80 tonneaux, 2 sh. 1 d. par pied ; de 80 à 100, 2 sh. 6 ; de 100 à 125, 2 sh. 11 ; 125 à 150, 3 sh. 4 ; 150 à 175, 3 sh. 9 ; 175 à 200, 4 sh. 2 ; 250, 4 sh. 10 ; 300, 5 sh. 4 ; 400, 6 sh. 4 ; 500, 7 sh. 1 ; — 2° *Sortie* : Les prix précédents sont réduits, pour les tonnages indiqués, à 1 sh. 1 d., 1 sh. 3 d., 1 sh. 6, 1 sh. 8, 1 sh. 11, 2 sh. 1, 2 sh. 5, 2 sh. 8, 3 sh. 2 d. et 3 sh. 7 d. par pied.

Les étrangers payent, à l'entrée comme à la sortie, un quart en sus.

Le pilote pris par le travers de *Portland* ou de *Start Point* a droit à 3 guinées de supplément (*Distance money*).

---

(1) V. à l'article de ces ports.

Les bâtiments remorqués par un vapeur ne payent que les deux tiers du pilotage.

WEYMOUTH. — *Droits de pilotage.* — Limites de la station : de *St Alban's Head* à *Lyme.*

D'une ligne tracée de *Lulworth* aux *Shambles*, à *Weymouth* ou à la rade de *Portland;* de la baie de Weymouth ou de Portland au port, ou de la mer au port de Lyme, 2 sh., 2 sh. 6 ou 3 sh. par pied, suivant que le navire cale moins de 8 pieds, de 8 à 10 ou plus de 10 pieds. — Mêmes prix à la sortie.

Les navires étrangers payent un quart en sus.

Distance money : De *St Alban's Head* ou de *Portland* jusque par le travers de *Bridport* ou de *Lyme*, 2 guinées ; à 3, 6 ou 10 lieues de *Weymouth*, *Bridport* ou *Lyme*, 3, 4 ou 6 guinées.

WISBECH. — *Droits de pilotage.* — De la *petite rade* à *Cross Key's Bridge et vice versâ*, 1 sh. 6 d. par pied de tirant d'eau ; bâtiments tirant plus de 12 pieds, 1 sh. 9 d. ; navires étrangers, 3 sh. par pied. Au delà des limites, le pilotage se règle de gré à gré ou est fixé par le directeur des pilotes.

WHITBY. — *Droits de pilotage.* — De la mer à Whitby, du 1er avril au 1er octobre, 1 sh. 3 d. par pied de tirant d'eau ; d'octobre à avril, 1 sh. 6 par pied. Le pilotage n'est pas obligatoire pour les navires français. (Voir *Newcastle.*)

YARMOUTH. — *Droits de pilotage.* — Limites de la station : de *Yarmouth* au *Dudgeon Light* et à *Orfordness;* du *Kentish-Knock* aux *Dunes* et dans tous les ports compris dans ces limites.

Tarif : De *Dudgeon Light* à *Orfordness*, 5 l., 6 l. 5 sh. et 7 l. 10 sh., suivant que le bâtiment cale 11 pieds, de 11 à 14 ou plus de 14 pieds ;

De *Yarmouth* ou *Lowestoft* à *Orfordness*, 1 l. 5 sh., 2 l. 10 sh. ou 3 l. 15 sh.;

De *Southwold* à *Orfordness*, 17 sh. 6 d., 1 l. 5 sh. ou 1 l. 17 sh. 6 d.

Un cinquième en sus est exigible, si le pilote ne conduit pas le navire dans un port à l'O. du feu du *Nore*.

De *Dudgeon Light* à la rade de *Yarmouth*, 2 l. 10 sh., 3 l. 12 sh. et 6 l.;

Du même point aux *Dunes*, 10 l. 10 sh., 12 l. et 15 l. 15 sh.;

De *Yarmouth* ou *Lowestoft* aux *Dunes*, 8 l. 8 sh., 10 l. et 12 l. 12 sh.;

De *Yarmouth* ou d'*Orfordness* à l'entrée des *Gatways*, 1 liv.; 1 l. 10 sh. et 2 l. 2 sh.;

De la *mer* à la rade d'*Yarmouth*, 4 sh. par pied de calaison;

De la rade d'*Yarmouth* à la *mer*, 2 sh. 6 d. idem.

Tarif à l'*entrée* et à la *sortie* d'*Yarmouth* : Navires tirant 8 pieds d'eau et au-dessous, 1 sh. 6 par pied; de 8 à 9 pieds, 1 sh. 9; de 9 à 10 pieds, 2 sh., et ainsi de suite (3 pence d'augmentation par pied) jusqu'à 14 pieds; de 14 à 15 pieds, 3 sh. 6; de 15 à 16 pieds, 4 sh.

Il est perçu 2 1/2 p. 0/0 en sus du tarif. Les bâtiments étrangers payent un quart en sus. (Voir *Lowestoft*.)

Droits, autres que ceux de pilotage, que doit acquitter un navire chargé venant du Havre.

Feux (aller et retour)...........	6 l.	7 sh.	1 d.
Droit de ville...................	»	6	6
Ancrage..........................	»	2	6
	6 l.	16 sh.	1 d.

ÉCOSSE.

ABERDEEN. — *Droits de pilotage.* — Navires de 50 à

60 tonneaux : 7 sh.; de 60 à 85 tonneaux : 9 sh.; de 85 à
110 tonneaux : 10 sh.; de 110 à 150 tonneaux : 11 sh.; de
150 à 200 tonneaux : 12 sh.; de 200 à 250 tonneaux : 14 sh.;
de 250 tonneaux et au-dessus : 15 sh.

Pilote employé une marée dans le port : 6 sh.; Remorquage
d'une allége chargée : 2 sh. 6 ; vide : 1 sh. 6 ; pour chaque
haleur : 1 sh.

Pilote retenu en rade plus d'une marée : 2 sh. 6 d. par marée.

AYR. — *Droits de pilotage.* — Entrée et sortie, pour bâtiments de toutes espèces et dimensions : 1 1/2 d. par tonneau
de jauge, soit 3/4 de pence pour chaque opération. Le pilotage n'est obligatoire que pour les navires qui jaugent moins
de 50 tonneaux.

DUNDEE. — *Pilotage* d'un navire abordé à 3 milles au plus
de la bouée de *Fairway of Tay*, y compris l'entrée du port :
3 sh. 6 d. par pied de tirant d'eau.—Navire abordé à *Broughty
Castle*, y compris aussi l'entrée de Dundee : 1 sh. 6 d. par
pied. — Même tarif pour la sortie.

Distance money : à plus de 3 milles de *Fairway-buoy* :
10 sh. 6 d.; à plus de 6 milles : 15 sh. de supplément ; —
du port de *Dundee* ou de la *rade Caroline* à *Newburg* (River
Tay) de 1 à 3 livres sterling, suivant que le navire tire de
8 à 16 pieds d'eau.

Le maître-pilote, chargé de recevoir le prix du pilotage, a
droit, en sus, à une gratification de 6 pence, 1 sh., 1 sh. 6 d.,
1 sh. 9 ou 2 sh. par chaque bâtiment, suivant qu'il jauge 50,
100, 150, 200 ou 250 tonn. ; au-dessus de ce tonnage le supplément est de 3 pence par 50 tonneaux.

GLASGOW. — *Droits de pilotage.* — *De Greenock* ou de la
Queue du Banc à Glasgow et vice versâ : bâtiments au dessous de 10 pieds : 1 sh. 6 d. par pied ; de 10 à 12 pieds : 2 sh.;
de 12 à 15 pieds : 2 sh. 6 d.; de 15 pieds et au-dessus : 3 sh.

Les bâtiments pris ou conduits à *Bowling-Bay* ou à *Dumbar-ton* ne payent que les 3/4 du tarif ; ceux qui sont pris à *Ren-frew* ou *Dalmuir* et conduits à *Greenock*, sont traités comme pour le pilotage de Glasgow.

De *Cumbray-Light* à *Clock-Light* ou des mouillages *de Fairlie, Rothesay-Bay* ou de la station de la quarantaine *à Greenock* : 1 d. 1/4 par tonn. (*V. Greenock*).

Autres droits, pour un navire de 200 tonneaux ;

Droits de feux (1) : par le canal de Saint-Georges : 8 l. 6 sh. 3 d.

Id. par le canal du Nord : 3 l. 6 sh. 8 d.

Droits de port : 1 sh. 4 p. par tonneau.

Droits d'ancrage : 1 penny   id.

Port-Glasgow. — *Droits de feux* (par le canal du Nord) : 2 l. 10 sh. ;

Droits de port : 6 pence, par tonneau ;

Droits d'ancrage : 1 l. 2 pence (varient suivant le tonnage.)

GREENOCK. — *Droits de pilotage*. — De *Cumbray-Light* à *Clock-Light*, des mouillages de *Fairlie-Roads, Rothesay-Bay*, station de la *Quarantaine* à la rade ou au mouillage de *Gree-nock* ou au quai : 1 d. 1/2 par tonneau ; navire abordé en dehors de l'entrée sud du port de *Lamlash* : 1/2 d. par tonn. en supplément ;

En deçà de *Clock-Light*, ou du mouillage de *Gourock*, ou de la *queue du Banc* à *Greenock* : 1 d. par tonneau ;

En deçà de la *baie de Quick* : 1/2 d. par tonneau ;

De *Greenock* à *Port Glasgow* : 1 d. par tonneau ;

De la rade de *Greenock* aux bassins ; un trois-mâts : 5 sh. ; un brick ou une goëlette : 4 sh. — Mêmes tarifs à la sortie.

---

(1) Le taux moyen des droits de phares écossais est de trois pence par tonneau ; un navire, expédié d'un port quelconque de France, a, en outre, à payer les feux anglais et irlandais, en moyenne 7 pence 1/2 par tonneau.

Les bâtiments étrangers payent moitié en sus.—Tout pilote retenu à bord a droit à 4 sh. 6 d. par 24 heures.

Pilotage en haute mer : *de Greenock* à *Liverpool* : 8 l.; au *canal de Bristol* : 12 l.; à *Cork* : 12 l.; à *Leith* : 10 l.; à *Shields* ou à *Sunderland* : 12 liv.; à *Hull* ou à *Londres* : 15 l. (V. Glasgow)..

Droits de feux (1) : (canal du Nord) 3 l. 6 sh. 8 d. pour un navire de 200 tonneaux;

Droit de port : 8 pence par tonneau à l'entrée et 4 à la sortie;
Id.   *d'ancrage* : 1/2 penny par tonneau ;
Id.   *de police* :   Id.
Id.   *d'aiguade* : Un shilling par homme d'équipage.
Id.   *de quarantaine* : 3 à 15 sh. suivant la provenance.

LEITH. — *Droits de pilotage.* — Entrée et sortie : navires calant 7 pieds, 5 sh. 10 d.; 8 pieds, 8 sh.; 9 pieds, 9 sh. 9 d.; 10 pieds, 11 sh. 8 d.; 11 pieds, 13 sh. 9 d. ; 12 pieds, 16 sh.; 13 pieds et au-dessus, 19 sh., ou 1 sh. 6 d. par pied. — Pilote retenu à bord, 2 sh. par jour, matelot, 1 sh.

De la rade de Leith :

	liv.	sh.		liv.	sh.
A Inverkeithing............	1	1	à	1	6.
Au Hope..................	1	1	à	1	6.
A la rade de Carron.........	2	2	à	2	8.
A l'île de May.............	3	3	à	5	5.
A Bell-Rock..............	4	4	à	6	6.
A Cromarty..............	6	16-6	à	8	18.
A Stromness et Kirkwall.........	10	10	à	12	12.
A Lerwick................	12		à	14	

Ces droits s'appliquent aux navires de 70 à 500 tonneaux.

---

(1) Même observation que pour Glascow, en ce qui concerne les phares écossais.

Tarif pour *Tarbetness*, *Bonar-Bridge*, *les Orcades*; de 5 milles au large de *Hoy-Head*, par *Hoy-Sound*, au mouillage de *Stromness* et pilotage de sortie, 1 l. 5 sh. à 2 l. 12 sh. 6, (de 60 à 420 tonneaux).

De la mer, par Hoy-Sound, à Stromness ou à la rade de Kerston, et sortie par *Long-Hope*, et *vice versâ*, 1 l. 5 sh. à 3 livres ; sortie par Long-Hope et *Pentland-Frith*, et *vice versâ*, 1 l. 11 sh. 6 à 3 l. 10 sh ; sortie par *Holm-Sound*, et *vice versâ*, 1 l. 8 sh. à 3 l.

Droits de feux. — Phares du Nord, 2 d. par tonneau; phares du Forth, 2 pence 1/2 à l'entrée et autant à la sortie. — Les feux de la côte anglaise non-compris.

Droits de bouée et d'ancrage, 1/3 de penny par tonneau.

Droits de place dans le port, 7 sh. 6 d. par bâtiment.

Droits de port, navires venant de France, avec chargement, 1 sh. 1 penny 1/3 ; sur lest, 8 pence.

PETERHEAD. — *Pilotage d'entrée.* — Navires de 150 tonneaux et au-dessous, 2 d. par tonneau ; de 151 à 175 tonneaux, 1 l. 7 sh. 6 ; de 176 à 200 tonneaux, 1 l. 10 sh. ; de 201 à 250 tonneaux, 1 l. 15 sh. ; de 251 à 300 tonneaux, 2 l. ; de 301 à 350 tonneaux, 2 l. 5 sh. ; augmentation de 5 sh. par 50 tonneaux en sus; mêmes prix à la sortie. — Les droits du capitaine-pilote sont perçus en supplément et varient de 1 à 5 sh., suivant le tonnage du bâtiment.

WICK. — *Droits de pilotage.* — Entrée et sortie réunies, 3 d. par tonneau de jauge.

IRLANDE.

Dispositions générales. — Les droits suivants sont uniformément perçus dans tous les ports de l'Irlande :

1° *Droit de tonnage.* — Bâtiments anglais, 8 pence 1/4 ; bâtiments étrangers, 1 sh. 4 p. 1/2 par tonneau.

4

2° *Droit de lestage.* — Bâtiments anglais, 1 sh. 6 pence 1/2 ; étrangers, 2 sh. 3 pence 3/4. — Les nationaux comme les étrangers payent 2 d. 3/4 par tonneau de lest mis à bord.

3° *Droit de quai.* — Bâtiments anglais et étrangers, 1 penny 3/4 par tonneau ; caboteurs, 1 penny seulement par tonneau.

Droits de feux. — Pour chaque phare ou feu devant lequel le bâtiment a passé ou passera, 1 sh. 10 pence 1/2 ; les étrangers, non assimilés, payent un 1/2 penny en sus.

Les règles suivantes déterminent les droits de phares ou de feux que les navires ont à payer, suivant leur provenance et leur destination :

1° Les navires, qui se rendent du *canal de St-Georges* dans l'*océan Atlantique, par le côté nord* du canal, payent tous les feux, depuis celui du port de départ jusqu'à celui d'*Arranmoore ;*

2° Ceux qui se rendent du *canal de St-Georges* dans l'*océan Atlantique*, par le *côté sud du canal*, payent les feux depuis le port de départ jusqu'au feu de *Skelling-Rocks* inclusivement ;

3° Ceux qui se rendent de l'*océan Atlantique* dans le *canal de St-Georges* payent les feux depuis *Arranmoore* ou depuis *Skelling-Rocks*, suivant qu'ils passent par le côté nord ou par le côté sud du canal, jusqu'au port de destination ;

4° Ceux qui se dirigent du *canal de St-Georges* vers l'*Ecosse* payent les feux qui se trouvent sur leur route, depuis le port de départ jusqu'au phare d'*Inishterhol-Island*, et *vice versâ*, depuis ce dernier jusqu'à celui du port d'*arrivée*, s'ils se dirigent d'Ecosse vers l'Irlande ;

5° Ceux qui partent du *canal de St-Georges*, à destination de la côte Est d'Angleterre, payent tous les feux compris entre le port de départ et le phare de *Hook Tower* inclusivement ; il en est de même pour les bâtiments qui suivent une direction inverse (de la côte E. d'Angleterre en Irlande) ;

6° Les bâtiments, qui se dirigent de la côte O. d'Irlande vers le S. ou le N. de l'Europe, payent, dans le premier cas, tous les feux depuis le port de départ jusqu'à celui de *Hook-Tower*, et, dans le second, jusqu'à celui de *Inishterhol-Island ;*

7° S'ils viennent d'Europe à la côte O. d'Irlande, par le Sud ou par le Nord, ils payent, dans le premier cas, les feux depuis le *cap Clear*, et, dans le second, depuis *Hook-Tower* jusqu'au port d'arrivée.

Droits de quarantaine. — Taxe uniforme, 4 l. 4 sh. 6 d. par bâtiment.

DROITS LOCAUX.

Belfast. — *Droits de pilotage.* — *Entrée :* 4 à 10 sh. jusqu'à 100 tonneaux de jauge ; de 100 à 130 tonneaux, 10 à 14 sh. ; de 130 à 150 tonneaux, 17 sh. ; de 150 à 200 tonneaux, 17 sh. à 1 l. 1 sh. ; de 200 à 250 tonneaux, 1 l. 1 sh. à 1 l. 3 sh. 6 d. ; de 250 à 300 tonneaux, 1 l. 3 sh. 6 d. à 1 l. 6 sh. ; de 300 à 400 tonneaux, 1 l. 6 sh. à 1 l. 8 sh. 6 d. ; de 400 à 500 tonneaux, 2 l. ; au-dessus, 4 sh. par 100 tonneaux d'augmentation. — Mêmes prix à la *sortie.*

Pilotage de mer. — Au large de *Black-Head* ou des *Briggs* à la rade de *Whitehouse :* navires de 200 tonneaux, 2 l. 2 sh. ; au-dessous jusqu'à 100 tonneaux, 1 l. 11 sh. 6 d. ; au-dessous de 100 tonneaux, 1 l.

Au large de *Grey-Point* ou de *Killroot-Point*, 1 l. 1 sh. ; 15 ou 10 sh. suivant le tonnage.

Cork. — *Droits de pilotage.* — *Limites de la station :* Poor-Head à l'E. et *Cork-Head* à l'O. — Conduite jusqu'à l'entrée de *Cork :* navires au-dessous de 80 tonneaux, 12 sh. ; de 80 à 120 tonneaux, 18 sh. ; de 120 à 160 tonneaux, 1 l. 5 sh. ; de 160 à 220 tonneaux, 1 l. 10 sh. ; de 220 à 300 tonneaux,

2 l. 10 sh. ; de 300 tonneaux et plus, augmentation de 5 sh. par 100 tonneaux.

Entrée et *sortie* : du *Passage* à *Cork* et *vice versâ*, en proportion du tonnage, d'après les séries indiquées, 7 sh. 6 d. ; 8 sh. 4 d. ; 12 sh. 6 d. ; 15 sh. ; 1 l. ; 1 l. 5 sh. et 1 l. 10 sh. — Les bâtiments étrangers payent 1/4 en sus. — Ceux qui s'arrêtent à *Black-Rock* payent le même prix que pour l'entrée de Cork. Du 1ᵉʳ octobre au 1ᵉʳ avril, les tarifs sont augmentés d'un quart.

DUBLIN. — *Droits de pilotage.* — Du large des bancs à la barre inclusivement : nationaux, 3 sh. ; étrangers, 6 sh. par pied de tirant d'eau ;

D'en deçà des bancs : nationaux, 2 sh. ; étrangers, 4 sh. ;

De la baie à la barre, 1 sh. 6 d. et 3 sh ; de *Poolbeg* au bassin, 1 sh. et 1 sh. 6 d. ;

Pilotage de sortie. — Des quais à *Poolbeg* : nationaux, 1 sh. par pied ; étrangers, 1 sh. 6 d.

Droit de quai. — 2 pence par tonneau.

Droit des phares d'Irlande. — 3 pence par tonneau.

Droit des phares d'Angleterre. — 3 pence 3/4 par tonneau.

Droit du ballast office. — (Lestage et délestage), 9 pence par tonneau.

Droit de la corporation de Dublin. — 5 sh. 6 pence par bâtiment.

Kinsgtown, même tarif qu'à Dublin,

Droit de port à Kingstown. — 4 pence par tonneau.

GALWAY. — *Droits de pilotage.* — Pilotage extérieur ; limites : une ligne tirée de *Gulin-Head* à la pointe O. des îles *Arran* et de là à *Hag's-Head*, rade de Galway.

De ces limites à la rade et *vice versâ* : navires de 75 à 100 tonneaux, 15 sh. ; de 100 à 150 tonneaux, 1 l. et 1 l. 2 sh. 6 d. ; de 150 à 200 tonneaux, 1 l. 5 sh. et 1 l. 7 sh. 6 d. ;

de 200 à 250 tonneaux, 1 l. 10 sh. et 1 l. 12 sh. 6 d. ; de 250 à 300 tonneaux, 1 l. 15 sh. et 1 l. 17 sh. 6 d.

Pilotage intérieur ; limites : de la rade aux quais et au bassin, moitié des prix indiqués plus haut.

LIMERICK. — *Droits de pilotage.* — Entre *Limerick* et l'*île de Foyne*, 2 sh. 6 d. par pied, pour un navire calant de 8 à 12 pieds ; de 12 à 14 pieds, 3 sh. ; de 14 à 17 pieds, 4 sh. ; au-dessus de 17 pieds, il est traité de gré à gré. — Entre *Limerick* et *Labasheeda*, 3 sh., 3 sh. 6 d. ou 4 sh. 6 d. ; entre *Limerick* et *Tarbet* ou *Scattery*, 3 sh. 6 d., 4 ou 5 sh.

Les navires venant du large, abordés dans l'O. de *Kilcredane-Point*, payent un supplément de 6 d. par pied. Le 1/4 en sus est exigible pour les navires étrangers.

LONDONDERRY. — *Pilotage d'entrée.* — Nationaux ; navires calant 7 pieds et au-dessous, 14 sh. ; étrangers, 1 l. 1 sh. ; de 7 à 8 pieds, 2 et 3 sh. par pied ; de 8 à 9 pieds, 2 sh. 2 d. et 3 sh. 4 d. ; de 9 à 10 pieds, 2 sh. 4 d. et 3 sh. 8 d. ; de 10 à 11 pieds, 2 sh. 8 d. et 4 sh. ; de 11 à 12 pieds, 3 sh. et 4 sh. 4 d. ; de 12 à 13 pieds, 3 sh. 4 d. et 4 sh. 8 d. ; de 13 à 14 pieds, 3 sh. 8 d. et 5 sh. ; de 14 à 15 pieds, 4 sh. et 5 sh. 4 d. ; au-dessus de 15 pieds, 4 sh. 4 d. et 5 sh. 8 d. — *Sortie*, d'après les tirants d'eau indiqués, nationaux, 1 sh. 6 d., 1 sh. 9 d., etc., en augmentant de 3 pence par pied ; étrangers, 2 sh. 6 d., 2 sh. 9 d., 3 sh. et ainsi de suite. Les bâtiments en relâche ne payent que moitié pilotage ; ceux qui sont remorqués, 1/5 seulement du prix du tarif.

Droit de tonnage. — Navires étrangers, 6 pence par tonneau ; navires anglais, 3 pence.

WATERFORD. — *Pilotage d'entrée.* — Pendant l'été : 1° de *Great-New-Town-Head* ou des *Saltées* à *Waterford*, 4 sh. 1 ou 3 sh. 4 d. par pied, suivant que le bâtiment cale plus ou moins de 12 pieds; l'hiver (1), 4 sh. 8 d. et 3 sh. 11 d.;

2° De *Foilskirt* ou de *Bag-and-Bun*, l'été, 3 sh. 9 d. ou 3 sh. 2 d.; l'hiver, 4 sh, 2 d. ou 3 sh. 9 d., par pied;

3° De *Hook-Tower* ou de *Duncannon*, l'été, 3 sh. 3 d. ou 2 sh. 7 d.; l'hiver, 3 sh. 6 d. ou 2 sh. 11 d.;

4° Du *Passage*, l'été, 1 sh. 7 d. ou 1 sh. 4 d.; l'hiver, 1 sh. 8 d. ou 1 sh. 5 d.;

5° De *Checkpoint*, l'été, 1 sh. 1 d. ou 1 sh.; l'hiver, 1 sh. 2 d. ou 1 sh. 1 d.

Sortie : 1° de *Waterford*, l'été, 2 sh. 9 d. ou 2 sh. 2 d. par pied, suivant le tirant d'eau; l'hiver, 3 sh. 1 d. ou 2 sh. 7 d.;

2° De *Cheekpoint*, l'été, 1 sh. 8 d. ou 1 sh. 2 d.; l'hiver, 1 sh. 11 d. ou 1 sh. 6 d.;

3° Du *Passage*, l'été, 1 sh. 2 d, ou 10 pence; l'hiver, 1 sh. 5 d. ou 1 sh. 2 d.

WEXFORD. — *Droits de pilotage.* — Navires chargés, 5 pence par tonneau; navires sur lest, 4 pence; en relâche, 2 d.

MONNAIES, POIDS ET MESURES USITÉES EN ANGLETERRE.

Monnaies.

Livre sterling (20 shillings)......... =	25 f.	
Shilling (12 pence)............... =	1	25
Penny ou denier................... =	0	104
Guinée (21 shillings) .... =	26	25

Mesures de longueur.

Yard (3 pieds). .... =	0 m. 9144	
Pied (Foot — 12 pouces).......... =	0	3048
Pouce (Inch)..................... =	0	0254
Fathom (Brasse — 6 pieds)........ =	1	829

(1) Du 29 septembre au 25 mars.

Mesures de capacité.

LIQUIDES :

Gallon (4 quarts) .... =	4 lit.	543
Quart (2 pintes)................... =	1	136
Pinte (Pint) .... =	0	568
Gill (1/4 de pinte)................. =	0	142
Baril (autre qu'à bière, pas plus de 31 gallons 1/2)... .... =	143	105
Baril à bière (32 gallons)........... =	145	376
Tonne (252 gallons)............... =	1144	836
Last (goudron, poisson), 12 barils de 31 gallons 1/2..................... . =	1717	254

MARCHANDISES SÈCHES :

Boisseau (Bushel) ou 8 gallons....... =	36 lit.	345
Quarter (8 boisseaux)............... =	290	752
Chaldron (1)..................... =	1308	59

Mesures itinéraires.

Mille (mile), 1760 yards .... =	1,609 m.
Lieue marine (3 milles 454) .... =	5,558

Mesures de pesanteur.

AVOIR DU POIDS : (2)

Livre (Pound — 16 onces) .... =	0 k.	4535
Once (16 drachmes)............... =	0	0283
Quintal (112 livres) .... =	50	797
Tonneau (20 quintaux)............. =	1015	940

(1) Sert à mesurer le charbon.
(2) Poids commercial.

POIDS TROY : (1)

Once (20 deniers)............... = 31 grammes.
Denier .... = 1 .555

Mesures cubes.

Pied cube...................... = 28 décim. ^{3} 315
Load (Last — 50 pieds ^{3})........... = 1 m. ^{3} 4158
Fathom cube (216 pieds)........... = 6   1160
Tonneau de mer.................. = 1   1326

Mesures de superficie.

Yard carré (9 pieds carrés) .... = 0 m. cube 8361
Pied carré (144 pouces carrés) ...... = 0   0929
Pouce carré.................... = 0 décim. ^{3} 0645

ANTILLES.

(Voir *Colonies françaises, danoises, anglaises*, etc.)

ARABIE.

DROITS ET TAXES DE NAVIGATION.

DJEDDAH (côte orientale de la mer Rouge).

Pilotage. — Les navires arrivant à Djeddah ne sont pas
tenus de prendre un pilote du port, s'ils en ont un à bord
connaissant les passes. Dans le cas contraire, ils doivent,
pour se rendre au mouillage, recevoir le premier pilote de
Djeddah qui se présente à bord. La rétribution allouée à ce

____

(1) Poids étalon, poids pour l'or, l'argent, les pierres précieuses.

pilote varie de 5 à 20 *talari* (26 f. 25 à 105 f.), suivant le tonnage. Quand un navire prend un pilote pour l'un des ports du golfe Arabique, la rétribution à lui allouer est fixée de gré à gré et peut s'élever, suivant le tonnage, de 20 à 40 talari (105 à 210 f.)

Droit d'ancrage. — 10 talari (52 f. 50).
Droit des employés de la douane. — Même taux.
Droit de l'écrivain en chef. — Même taux.

AUSTRALIE.

(Voir *Colonies anglaises.*)

AUTRICHE.

Droit de tonnage. — Le droit de tonnage à percevoir dans les ports de l'empire est le même que celui indiqué ci-après pour le port de *Trieste* (acte du 24 janvier 1854).

TRIESTE. — *Droit de tonnage.* — Les bâtiments étrangers payent, quelle que soit leur jauge : un florin ou 3 livres (2 fr. 61) par tonneau de jauge autrichienne; les navires autrichiens : 2 kreutzers (0 fr. 09) par tonneau, jusqu'à 50 tonneaux; de 50 à 100 tonneaux, 4 kreut. (0 fr. 17); de plus de 100 tonneaux, 6 kreut. (0 fr. 26.)

Droit de pilotage. — Navires de 31 à 150 tonneaux, un carantano ou kreutzer (0 fr. 435) par tonneau; de 151 à 300 tonneaux 2 carantani ; de 300 et au-dessus, 3 carantani (décret impérial du 9-15 mars 1850).

Droit de phare. — Le droit de phare ou de *Lanternaggio* est fixé ainsi qu'il suit pour chacun des phares du golfe de Trieste (à *Salvore, Pores, Lagosta* et *Punte-Bianche*), savoir:
Navires de 16 à 50 tonneaux, 1/2 kreutzer par tonneau; de

50 à 100 tonneaux, 3/4 de kreutzer ; de 100 tonneaux et plus,
1 kreutzer.

PORTS DE MALAMOCCO et de CHIOGGIA. — *Droits de pilotage.*
— Le pilotage est obligatoire pour tout bâtiment, à l'entrée
comme à la sortie de chacun de ces ports. — Il en est de
même pour la navigation du canal intérieur de Malamocco à
Venise. La taxe de pilotage est de 3 *carantani* par tonneau
autrichien, pour les bâtiments qui se rendent *à Venise par le
golfe de Malamocco* et de 2 *carantani* pour ceux qui entrent
à *Chioggia*. — Cette taxe est la même pour l'entrée et pour
la sortie ; les vapeurs affectés à un service régulier n'y sont
pas soumis.

MONNAIES, POIDS ET MESURES EN USAGE EN AUTRICHE ET EN ILLYRIE.

Monnaies : Florin ou gulden = 2 fr. 61.
      Carantano ou Kreutzer 1/60 de florin = 0 fr. 0435.
      Livre (lira) = 0 fr. 87.
      Centesimo = 0 fr. 0087.

Mesures de capacité : Mass.................... = 1 litre 40.
      Tonneau (42 pieds cubes) = 1 m.c. 40.

Poids : Quintal (100 livres de Vienne)... = 56 kilogrammes.
      Livre (32 loths ou onces). ..... = 0 560
      Loth ou once. .... = 0 0175
      Tonneau (20 quintaux)...... = 1120

Mesures de longueur : Pied (12 pouces) = 0 mètre 3166.
      Pouce.......... = 0   0263.

BELGIQUE

Traitement des navires français quant aux droits de navigation. — Aux termes de l'art. 15 du traité du 27 février 1854, conclu entre la France et la Belgique, pour *cinq* années, à dater du 12 mai suivant, les navires français jouissent, dans les ports de cette dernière puissance, en ce qui concerne le *droit de tonnage*, du régime accordé aux navires de la Grande-Bretagne (nation la plus favorisée) par le traité du 27 octobre 1851, c'est-à-dire qu'ils sont rangés dans la 2e classe du tarif officiel et payent, à leur première entrée comme à leur première sortie dans l'année, 0 fr. 954 par tonneau de jauge.

Le même acte assure l'exemption de toute surtaxe aux bâtiments français se rendant, chargés ou sur lest, des ports d'Algérie en Belgique et *vice versâ*.

Droits, autres que ceux de tonnage, portant sur la coque des navires. — Quant aux autres droits de navigation affectant la coque des navires, il résulte du traité du 17 novembre 1849, conclu pour *dix* ans, à partir du 25 février 1850, que le traitement national est assuré aux bâtiments français *venant directement des ports de France avec chargement et sans chargement de tout port quelconque.*

Exemptions de droits. — Aux termes du même acte, sont affranchis des *droits de tonnage* et *d'expédition* les navires entrés et sortis sur lest, ceux qui passent d'un port à un autre, soit pour y déposer tout ou partie de leur cargaison, soit pour y prendre ou y compléter un chargement ; ceux enfin qui, entrés avec cargaison dans un port, soit volontairement, soit en relâche forcée, sortent sans avoir fait aucune opération de commerce.

Dans ce dernier cas, ne sont pas considérés comme opération de commerce le débarquement et le rechargement des marchandises pour la réparation du navire ; le transbordement sur un autre navire, en cas d'innavigabilité du premier ; les dépenses nécessaires au ravitaillement des équipages et la vente des marchandises avariées avec l'autorisation de la doüane.

Cabotage. — En ce qui concerne le cabotage, la France jouit du traitement de la nation la plus favorisée. Cette stipulation du traité assure aux bâtiments français le droit de faire le cabotage, tant que la Belgique n'exclura pas les étrangers de la faculté de se livrer à cette navigation.

DROITS LOCAUX.

Droits de navigation à payer par un navire de 200 tonneaux, entré chargé et sorti sur lest, et inversement.

OSTENDE. — Droits de pilotage d'entrée....	118 fr.	» c.
— de port et bassin........	105	80
— de tonnage (entrée et sortie).............	371	60
— de lestage............	118	50
— de pilotage de sortie...	53	40
Total............	767 fr.	30 c.

Les bâtiments sur lest, calant moins de 15 décimètres, ne sont pas astreints à l'obligation de prendre un pilote. (Arrêté du 21 novembre 1818.)

ANVERS. — Droits de pilotage (par Flessingue)..............	246 fr.	03 c.
— de port et bassin......	101	59
— de tonnage..........	371	60
— de lestage...........	211	64
— de pilotage de sortie...	148	66
Total............	1,079 fr.	52 c.

Remorquage dans l'Escaut. — Par lieue de 25 au degré, navires de 100 tonneaux, 20 fr. ; de 101 à 200 tonneaux, 30 fr. ;

de 201 à 300 tonneaux, 35 fr.; de 301 à 400 tonneaux, 40 fr.; de 401 et plus, 45 fr.

Monnaies, poids et mesures. (Les mêmes que celles en usage en France.)

BOLIVIE.

Le traité du 9 décembre 1834, conclu pour 9 ans, assurait aux navires français, dans les ports de la Bolivie, le traitement national, en ce qui concerne les droits qui affectent le corps des bâtiments. — Ce traité a été dénoncé, le 18 janvier 1845, par le gouvernement de la République, mais aucun changement n'a été apporté, dans la pratique, aux relations de commerce et de navigation entre les deux pays.

Monnaies, poids et mesures. (Les mêmes que celles en usage au Pérou.)

BRÉSIL.

Traitement des navires français. — Le traité du 8 janvier 1826, en accordant aux navires français le traitement de la nation la plus favorisée, les avait, par le fait, *assimilés aux bâtiments nationaux.* Les stipulations de cet acte sont expirées depuis le 2 octobre 1832; toutefois, la France ayant maintenu dans ses ports, pour les navires brésiliens, l'exemption du droit de tonnage et de la surtaxe de navigation, les navires français n'acquittent, d'après le décret brésilien du 20 juillet 1844, *dans les ports du Brésil, que les droits applicables aux navires nationaux.* Les droits généraux de navigation, dont le taux a souvent varié, sont actuellement perçus sur les bases suivantes, savoir :

Droit d'ancrage, 300 réis (0 fr. 80 c.) par tonneau de jauge.

Sont affranchis de ce droit : 1° les embarcations entrant et sortant sur lest, après déclaration régulière ;

2º Celles qui, dans le cours d'une année, ayant fait trois voyages, ont acquitté le droit d'ancrage pour les deux premiers ;

3º Les bâtiments en relâche forcée, qui ne chargent aucune marchandise ou ne déchargent que ce qui leur est nécessaire pour le payement des frais de réparation de leurs avaries ou de leur ravitaillement.

Droit d'ancrage spécial aux bâtiments entrés en FRANQUIA. — Les navires qui, entrés en *franquia* dans un port et ne faisant qu'y toucher pour prendre des ordres ou reconnaître la situation du marché, ne se livrent à aucune opération de commerce, acquittent un droit d'ancrage de 30 réis (0 fr. 08 c.) par tonneau et par journée de séjour.

Droit d'expédition de passe-port. — Ce droit est fixé à 6,720 réis (19 fr. 50 c.) par bâtiment.

Droit de phare. — 100 réis par tonneau.

Impôt annuel. — Trois mâts, 12,800 réis ; brigs et goëlettes, 9,600 réis ;

Les capitaines des navires nationaux ou étrangers sont tenus de représenter l'acquit de payement de cet impôt, sous peine de se voir contraints à l'acquitter immédiatement.

Droits de santé. — Il est perçu, une fois par an, sur chaque bâtiment entrant dans un port du Brésil, un impôt, dit de santé, de 2,000 réis.

La visite de la santé coûte 8,200 réis par chaque bâtiment ; le double, s'il doit faire quarantaine.

Redevance pour les hospices. — Un droit, dont le produit est affecté à l'entretien des hospices, était encore perçu au Brésil, il y a quelques années. On a lieu de penser que cette perception est tombée en désuétude ou que, du moins, les bâtiments nationaux y sont seuls soumis ; elle était fixée, pour l'entrée, à 6,000 réis pour les trois-mâts, et à 4,000 réis pour les bricks et goëlettes; et, pour la sortie, à 400 réis par homme d'équipage.

DROITS LOCAUX.

FERNAMBOUC. — Le tarif des droits de pilotage est fixé comme suit :

BATIMENTS tirant	BATIMENTS JAUGEANT											
	80 ton^x	130 ton^x	180 ton^x	230 ton^x	280 ton^x	330 ton^x	380 ton^x	450 ton^x	480 ton^x	530 ton^x	580 ton^x	630 ton^x
	piast	piast.	piast.	piast.	piast.	piast.	piast.	piast.	piast.	piast.	piast.	piast.
9 pieds.....	11	12	13	14	15	16	17	18	19	20	21	22
10 —	12	13	14	15	16	17	18	19	20	21	22	23
11 —	13	14	15	16	17	18	19	20	21	22	23	24
12 —	14	15	16	17	18	19	20	21	22	23	24	25
13 —	15	16	17	18	19	20	21	22	23	24	25	26
14 —	16	17	18	19	20	21	22	23	24	25	26	27

et ainsi de suite, en augmentant d'une piastre par 50 tonneaux et d'autant par pied de tirant d'eau.

1° *Mouillage au Lameirão.* — Moitié du prix du tarif;

2° *Mouillage aux Laminhas.* — 2/3 du prix du tarif;

3° *Mouillage au Poço ou au Mosqueïro.* — Pilotage entier;

4° *De l'un des ancrages à l'autre.* — Bâtiments calant 11 pieds, 1/3 du prix du tarif; plus de 11 pieds, moitié;

5° *Sortie par la Bonnette du nord ou la Grande-Barre.* — 1/6 en sus du prix porté au tarif;

6° *Sortie par le Lameirão.* — Pilotage entier;

7° *Sortie par les Laminhas.* — 3/4 du pilotage;

8° *Du Mosqueïro* jusque dans l'*intérieur du récif de Fernambouc.* — 2/3 du pilotage.

Le tirant d'eau est calculé en pieds anglais de 0^m 3,048, et le tonnage d'après la jauge brésilienne (0 mètre cube 793 par tonneau.)

Renseignements utiles pour l'entrée de Fernambouc. — Signal pour demander un pilote : *Pavillon rectangulaire blanc, bordé de rouge,* arboré à la proue ; le pilote répond en hissant un pavillon à *carrés blancs et rouges.*

Signaux à hisser au grand mât pour indiquer le tirant d'eau du bâtiment :

Nº 1, pavillon *rectangulaire bleu.* Nº 2, pavillon *rectangulaire blanc.* Nº 3, pavillon *rectangulaire rouge.* Nº 4, pavillon à *bandes verticales bleue, blanche et rouge* ; et Nº 5, pavillon à *bandes horizontales bleue, blanche* et *rouge.*

Usage des signaux. — Le pavillon nº 1 indique 9 pieds (anglais); le nº 2, 9 pieds 1/2 ; le nº 3, 10 pieds ; le nº 4, 10 pieds 1/2 ; le nº 5, 11 pieds ; les nᵒˢ 1 et 2, le premier superposé, 11 pieds 1/2 ; les nᵒˢ 1 et 3, le premier superposé, 12 pieds ; les nᵒˢ 1 et 4, 12 pieds 1/2 ; les nᵒˢ 1 et 5, le premier superposé, 13 pieds ; les nᵒˢ 2 et 1, le nº 2 au-dessus, 13 pieds 1/2 ; les nᵒˢ 2 et 3, le premier superposé, 14 pieds ; les nᵒˢ 2 et 4, 14 pieds 1/2 ; les nᵒˢ 4 et 5, 15 pieds.

Les mêmes signaux, différemment combinés, peuvent servir aussi à faire comprendre de terre les phrases suivantes, savoir :

On demande une ancre. — Nᵒˢ 3 et 1, le premier en haut ;

On demande plusieurs ancres. — Nᵒˢ 3 et 2, le premier en haut.

Nouvelles pressées à communiquer. — Nᵒˢ 3 et 5, même disposition.

On demande de suite un pilote. — Nº 4 en haut, nº 5 au-dessous.

Le signal fait de terre, pour indiquer *que l'entrée est libre,* est un pavillon *rectangulaire à bandes verticales bleue, blanche* et *bleue ;* le signal *négatif* est à *bandes horizontales,* disposées dans le même ordre.

Baie de San-Marcos (province de Maranhão ou Maragnan.)

Pilotage. de sortie. — Navires nationaux ou étrangers : trois-mâts, 46,000 réis (au taux de 348 réis pour un franc = 133 f. 33 c.); bâtiment à deux-mâts, 40,000 réis (114 f. 94 c.)

Pilotage d'entrée. — Trois-mâts, bricks ou goëlettes, 27,000 réis (78 fr. 16 c.)

Conduite du navire jusqu'à la plage ou jusqu'au chantier de réparation, 8,000 réis (22 fr. 98 c.) et 12,000 réis (34 fr. 47 c.) si c'est à l'endroit nommé *Madre de Deos.*

Emploi du pilote depuis le *Récif du lac* jusqu'aux bas-fonds de la barre, exclusivement, 120,000 réis (344 fr. 82 c.); jusqu'aux bas-fonds près de *Guimaraès*, *Pirajuba* et *Coroa-Grande*, 240,000 réis (689 fr. 65 c.); même somme pour le navire conduit vers la barre, par la baie de *San-José*, le *Rio-Mosquito* et *Itaqui.*

Les navires qui ne prennent pas de pilote payent *moitié* du pilotage d'entrée ou de sortie, suivant le cas (Règlement du 19 décembre 1854.)

MONNAIES, POIDS ET MESURES.

Monnaies.

Réal.........................	= 0 f. 00282	
355 réis.....................	= 1 »	
Peça de Brésil ou de Portugal (or)...	= 10,000 réis.	
Pièce de 5 fr. (argent)...........	= 1,100 d°	

Mesure de solidité.

Tonneau de jauge................. = 0 m. ^{3}, 793276

Poids.

Livre (2 marcs)...............	=	0 k. 4587
Marc (8 onces)...............	=	0 2293
Once (8 gros)................	=	0 0286

Gros (oïtava ou 72 grains).......... =   0 k. 00358
Arrobe (32 livres)................ =   14   680
Quintal (128 d°) .... =   58   720
Tonneau de fret (54 arrobes ou 1728
   livres)..................... = 793   014

Mesures de longueur.

Vare (40 pouces) .... = 1 m. 100
Pied (12 pouces)................ = 0   330
Palme (8 d°) .... = 0   220
Pouce........................ = 0   027
Brasse (2 vares) .... = 2   200

Mesures de capacité.

LIQUIDES.

Canada (4 quartilhos)............. = 2 lit. 662
Quartilho .... = 0   665

Pipa	Officielle (180 canadas).. = 479	160
	De Bahia (60 d° vieilles). = 413	40
	De Fernambouc........ = 424	»

MARCHANDISES SÈCHES.

Alqueire.	(Sel de Lisbonne)....... = 35	105
	Du pays .... = 36	269
	Sels divers........... = 36	868
	d° .... = 40	762

Moïo (60 alqueires du pays)....... = 21 hectol. 761

CALIFORNIE.

Voir, pour le traitement particulier des navires français, à l'article *Etats-Unis.*

Droit de tonnage. — 0 doll. 15 c. (80 centimes) par tonneau.

DROITS LOCAUX.

PORTS D'ALTATA ET DE MAZATLAN. — Le premier de ces ports est situé à 20 milles au nord de l'embouchure de la rivière de Culiacan, le second à l'entrée du golfe de Californie (côte du Mexique). Les frais de pilotage d'un navire entre ces deux points s'élèvent à 60 piastres (1). Le pilotage est facultatif.

Il est payé à Altata, pour *droit de délestage*, 1 piastre 6 réaux par tonneau.— Les capitaines feront bien, pour diminuer ces frais, de jeter l'ancre à 10 milles du mouillage et de se débarrasser d'une partie de leur lest.

Le total des frais s'élève à 90 piastres environ pour un navire sur lest. — A Mazatlan, le pilotage d'entrée se paye 25 piastres et il y a en sus à payer 25 piastres pour *droit de phare*. Les autres droits sont les mêmes qu'à Altata. — Les navires qui viennent s'approvisionner de bois ne payent pas de frais de pilotage. (*Moniteur* du 1er janvier 1858.)

MONNAIES POIDS ET MESURES.

Les monnaies et mesures officielles sont celles indiquées à l'article *Etats-Unis*.

Les piastres mexicaines et espagnoles et les pièces françaises et anglaises ont cours en Californie.

CAROLINE (ETAT DE LA).

Voir à l'article *Etats-Unis* pour les droits de tonnage, monnaies, etc.

CAROLINE DU NORD. — *Droits de pilotage.* — Ces droits

---

(1) Mexicaines (5 fr.)

sont fixés comme suit, pour les navires de plus de 40 tonneaux :

De la mer à *Beacon-Island* ou *Wallace's Channel* : Bâtiments calant de 8 à 10 pieds, 1 dollar par pied ; plus de 10 pieds, 1 doll. 50. — Conduite d'un navire au-dessus de l'un des *Swash* : 2 dollars par pied.

De Swash Straddle :

A Newbern ou Washington.....   1 doll. 50 par pied.
A Edenton....................   15   —
A Cambden...................   12   —

CAROLINE DU SUD. — *Droits de pilotage.* — De la mer à *Charleston* et *vice versâ* :

Navires calant 6 pieds, 8 dollars.....   12 pieds, 19 dollars.
     —   7 — 9 — ..... 12 1/2   20   —
     —   8 — 10 — ..... 13 pieds, 21 —
     —   9 — 11 — ..... 14 — 25   —
     —   10 — 14 — ..... 15 — 31   —
     —   11 — 16 — ..... 16 — 42   —
          Au delà de 16 pieds, 60 dollars.

En dehors de la barre, des pratiques non reçus pilotes peuvent être pris pour entrer en rivière ; ils ont droit à 5 dollars pour ce service.

Le pilote, qui aborde un bâtiment à dix lieues au large, a droit à un supplément de 4 dollars par jour passé à bord. Cette même indemnité est acquise au pilote retenu en quarantaine.

AUTRES DROITS SPÉCIAUX.

CHARLESTON. — *Droit d'entrée* perçu par la douane. — 2 doll. 60.

Emoluments de l'inspecteur. — Navires américains, 3 dollars; étrangers, 5 dollars.

Droit de capitainerie. — 2 dollars; s'il y a lieu à inspection, 10 dollars.

Droit de quai. — 1 dollar par jour.

Expédition en douane. — 3 doll. 50.

CHILI.

Aux termes du traité du 15 septembre 1846, conclu pour dix ans, à partir du 12 mai 1853, jour de l'échange des ratifications, les navires français, entrant dans les ports du Chili ou en sortant, *sont assimilés* aux navires nationaux, en ce qui touche *les droits de navigation* et autres taxes portant sur la coque. La perception de ces droits se prélève d'après la capacité des navires constatée par les papiers de bord. — Le même acte assure à nos bâtiments l'immunité des droits de navigation en cas de relâche forcée. Les dispositions du traité sont, d'ailleurs, applicables aux navires des colonies françaises.

DROITS GÉNÉRAUX DE NAVIGATION.

Droit d'ancrage. — 2 piastres (10 f. 80) par bâtiment.

Droit de tonnage. — 2 réaux (1 f. 35) par tonneau de jauge.

Droit de rôle et de capitainerie. — 2 piastres (10 f. 80) par bâtiment.

Droit de phare. — (Voir plus bas.)

Sont exempts de ces droits les baleiniers étrangers qui ne font pas d'opération de commerce, qui se bornent à échanger leurs produits contre des provisions de bord, ou à les affecter au payement des frais de réparation d'avaries.

DROITS LOCAUX.

VALPARAISO. — *Droit de phare.* — Pour chaque entrée, le cas de force majeure excepté :

Bâtiments nationaux ou y assimilés.   0 f. 085 par tonneau.

Etrangers......................   0 1694   —

Sont affranchis de ce droit les baleiniers, même quand ils font opération de commerce. (Acte du 11 avril 1848).

Ces dispositions paraissent avoir été abrogées par la loi chilienne du 15 juillet 1857, qui ordonne la perception dans tous les ports d'un droit de phare de 3 centièmes de piastre (0 f. 162), par tonneau de jauge, pour les bâtiments arrivant d'un pays étranger, et de 2 centièmes (0 f. 108), pour ceux qui arrivent d'un port chilien (1), où ils ont effectué des opérations de commerce. — Les étrangers non assimilés payent le double droit.

MONNAIES, POIDS ET MESURES.

Monnaies.

Piastre (8 réaux)....................	5 f. 40
Réal (12 cents, 5)...................	0 675
Cent...............................	0 054

Mesures de longueur.

Vare...............................	0 m. 836
Yard, pied et pouce anglais.	

Mesures de capacité.

Fanègue de Valparaiso..............	90 lit. 75
— de la Conception	105 88

---

(1) Les bâtiments étrangers jouissent de la faculté de faire échelle.

Pour les liquides :

Arrobe (9 gallons anglais)........... 34 lit. 065
Bouteille (ordinaire)................ 0   841
Gallon et pinte d'Angleterre.

Mesures de pesanteur.

Livre (2 marcs ou 16 onces)........ 460 grammes
Arrobe (25 livres) .... 11 k. 500
Quintal (4 arrobes)................ 46
Tonneau (2,000 livres) 920

CHINE.

Le traité de Whampoa, conclu entre la France et la Chine le 24 octobre 1844, a assuré à notre commerce les avantages dont jouissent les Anglais. — Bien que, par suite de l'ouverture des hostilités, les relations commerciales soient interrompues entre les deux empires, nous n'en donnerons pas moins l'analyse des dispositions qui règlent pour les navires français la perception des droits de navigation.

PORTS OUVERTS AU COMMERCE.

CANTON, AMOY ou EMOUI, FOU-CHOU, NING-PO et SHANG-HAÏ. — *Droits de tonnage.* — Navires de 150 tonneaux et au-dessus : 5 maces (1/2 taël), 3 f. 75 par tonneau ; de moins de 150 tonneaux : 1 mace (1/10 de taël), 0 f. 75 par tonneau.

Sont exemptés du payement de ces droits les barques, goëlettes et bateaux employés au transport des passagers, bagages, lettres, comestibles et autres objets de consommation non sujets aux taxes de douane ; jouissent du même privilége les navires complétement chargés de riz ou de grains

(Règlement de commerce du 25 juin 1855). Les droits de tonnage doivent être payés avant le déchargement de la cargaison.

Amoy. — *Tarif de pilotage.* — 50 cents américains par chaque pied anglais de tirant d'eau du navire en dedans et en dehors du rocher *Chaw-Chat* ; 1 dollar par pied, depuis une ligne tirée de l'île *Lamtia* (Chapelle) et depuis *Tungting* et *Paktia* ou dans leurs proximités. — En deçà du rocher *Chaw-Chat* le pilotage est facultatif, au delà il est obligatoire.

Rivière de Canton. — *Droits de pilotage.* — De la mer aux rades de *Hong-Kong* ou de *Macao*, en temps ordinaire, 10 à 12 dollars (60 à 72 f.) ; par mauvais temps, 30 dollars (180 f.). Quand le navire a jeté l'ancre sur la rade de Macao ou de Hong-Kong, le capitaine doit prendre les arrangements convenables pour remonter la rivière, car le pilote pris en mer ne lui peut être d'aucune utilité, attendu qu'il n'a aucune pratique du fleuve. — Il y a une station de pilotes à terre. — Le droit de pilotage en rivière est de 5 *cents* (américains) par tonneau de jauge, d'après les papiers du navire. Il y a de plus à payer, pour le passage des barres, des bateaux spéciaux, ancrés de chaque côté du chenal, pour indiquer le passage et dont le prix est de *un* dollar chacun, d'où leur vient le nom de bateau-dollar. — Cinq ou six de ces embarcations suffisent. — A l'arrivée, il est d'usage de donner au pilote une gratification de 2 à 3 piastres (12 à 18 f.).

En cas de contestation, les droits de pilotage sont réglés par le consul de France, suivant la distance parcourue ou le danger qu'a présenté l'opération.

Renseignements divers. — Le manifeste et les papiers de bord doivent, dans le délai de vingt-quatre heures à partir de l'arrivée, être déposés chez le consul, sous peine d'une amende de 200 dollars. — Ce n'est qu'après cette formalité et la transmission des papiers en douane que le permis de déchargement est délivré.

MONNAIES, POIDS ET MESURES.

Monnaies. — Le taël = 7 f. 50; le mace, 0 f. 75; le candarin, 0 f. 075; le cash, 0 f. 0075.

Deux sortes de monnaies ont cours dans le Céleste Empire. La monnaie de cuivre, la seule qui soit marquée, se compose de petites pièces rondes valant un denier (1 *cash* environ). La monnaie d'argent consiste en petits lingots du poids de 37 grammes, et valant 7 f. 50 (*le taël*). Comme ils ne portent pas d'empreinte, il faut les peser et les vérifier à la pierre de touche. (*Journal pour tous*, 15 décembre 1855.)

Poids. — Le picul = 61 kil. 750 ou 100 catties; le catty, 617 grammes 5; le mace, 3 grammes; le taël, 38 grammes 5.

Il y a à Macao trois espèces de *piculs :* le *balança* (61 k. 750), pour le coton et les denrées de prix; le *seda* (68 kil.), pour l'alun, le poivre et les marchandises grossières; le *chapa* (90 kil. 1/2), pour peser le riz.

COLONIES ANGLAISES D'AFRIQUE.

ILE MAURICE.

Pᴏʀᴛ-Lᴏᴜɪs. — Les droits suivants sont prélevés sur tous les navires qui entrent à Port-Louis ou qui en sortent, savoir :

Pilotage. — Navires restant au Pavillon (Bell-Buoy) : **2 sh.** 6 pence par pied (3 f. 12).

Navires entrant dans le port. Entrée et amarrage : **5 sh.** 4 pence par pied; sortie et démarrage : **5 sh.** Les navires au-dessous de 100 tonneaux ne sont pas tenus de prendre un pilote pour entrer dans le port. (Voir plus loin : Usage des amarres et des bateaux.)

Droits d'ancrage. — Navires entrant dans le port, mais n'y débarquant pas et n'y prenant pas de cargaison : 4 pence par tonneau ; navires déchargeant ou prenant charge : 8 pence par tonneau. — Sont exemps du droit d'ancrage :

1° Les navires entrant en détresse ou pour se réparer ;

2° Ceux qui, restant au Pavillon, ne déchargent que 60 tonneaux de marchandises, ou ne mettent à terre pas plus de 5 chevaux ou bêtes à cornes, ou 20 moutons, porcs, etc. ;

3° Les navires chargés d'immigrants mettant à terre des coolies et des restes de provisions (1).

Pour passer, dans le port, d'un ancrage à un autre, ou pour placer un navire contre un ponton : 4 l. sterling par chaque mouvement.

Pour *éviter*, le long des pontons : 2 l.

Pour jeter l'ancre de nouveau : 2 l.

Pour l'usage des chaînes d'ancrage ou des ancres placées autour du **Trou fanfaron** :

Navires au-dessous de 100 tonneaux.... 1 sh. par jour.
  — de 100 à 200 tonneaux........ 2 sh.   —
  — au-dessus de 200 tonneaux.... 4 sh.   —

Pour l'usage d'une ancre : de 4 à 16 sh., suivant le poids (1,500 l. et au-dessous à 3,500 l. et plus).

Pour l'usage d'un câble : de 8 sh. à 1 l. 12 sh., suivant la grosseur (4 à 16 pouces).

Pour l'usage des amarres et des bateaux : Navires de 100 tonneaux et au-dessus, entrée : par navire, 3 l. sterling ; si le *steamer* du port est employé, 1 l. ; sortie : 3 l. par navire.

---

(1) Le droit d'ancrage ne doit. dans aucun cas, excéder les taux ci-après, quel que soit le tonnage des bâtiments : Navires chargeant ou déchargeant, 30 l. ; ne déchargeant ni ne prenant charge, 15 l.

Usage des bateaux sans amarres : par chaloupe et par jour, 1 l. 10 sh.

Droit d'expédition du port et de la police. — 15 sh. par navire.

Droit pour le service de la cure-môle. — 10 p. 0/0 sur le montant des autres droits de port.—Ce droit n'est pas perçu sur les navires qui restent au *Pavillon.*

Droit de touage par le steamer du port.—Entrée ou sortie :

Navires au-dessous de 100 tonneaux...   3 l. par navire.
    —   de 100 à 150 tonneaux ....   5 l.   —
    —   de 200 à 400 tonneaux, comme les précédents, plus *une* livre par 100 tonneaux dépassant 200 tonneaux.

Droit de phare. — Le capitaine de port perçoit sur tous les navires qui entrent dans le port de Port-Louis ou qui débarquent ou embarquent en rade des marchandises ou des immigrants, un droit de *deux* pence par tonneau.

Poids, mesures et monnaies anglaises. (Voir *Angleterre.*)

CAP DE BONNE-ESPÉRANCE.

L'importation des produits français n'est permise que dans les ports de *Cape Town, Simon's Town* et *Port-Elisabeth.* — Tous les navires y sont exempts *de droits d'ancrage.* (Acte de septembre 1846.)

Les droits de port sont perçus d'après le tarif suivant :

Pour les bâtiments chargeant ou déchargeant plus de 5 tonneaux de leur cargaison, non compris les provisions de bord : 4 pence 1/2 par tonneau et par mois.

Bâtiments qui déchargent ou chargent moins que cette quantité : 2 pence 1/4 par tonneau.

Monnaies et Mesures. — Monnaies anglaises et hollandaises. — Mesures : *yard* anglais (0 m. 914) ; *livre* d'Amsterdam (0 k. 500) ; *muid* hollandais (1 hectol. 436) ; *gallon* ancien (3 lit. 785).

COLONIES ANGLAISES EN AUSTRALIE.

VICTORIA (Colonie de).

Droit de tonnage. — Tout navire arrivant dans un port de la colonie paye 1 sh. (1 f. 25) par tonneau pour droit de tonnage. (Acte du 8 avril 1854.)

Ce droit s'acquitte au moment de la déclaration d'arrivée faite à la douane.

En cas de contestation au sujet du tonnage légal du bâtiment, le capitaine peut réclamer le jaugeage (1) ; mais il devra en payer les frais, si le droit qui lui a été primitivement réclamé par la douane est reconnu *égal ou inférieur* à celui qui résulte de l'opération de jaugeage.

Le droit de tonnage n'est acquitté qu'une fois par le même navire, dans les six mois compris entre janvier et juin inclusivement ou entre juillet et décembre inclusivement.

Droits de pilotage. — Les droits de pilotage indiqués ci-après ont été fixés au commencement de 1856, pour les ports dont les noms suivent, savoir :

---

(1) Il est procédé au jaugeage d'après le mode prescrit en Angleterre par l'acte du 28 août 1833, sur l'immatriculation des navires anglais.

	NAVIRES À VOILES.			VAPEURS.		
	Par tonneau.	PAR NAVIRE.		Par tonneau.	PAR NAVIRE.	
		Maximum.	Minimum.		Maximum.	Minimum.
PORT-PHILIP :	pence	l. st.	l. st.	pence	l. st.	l. st.
1° D'au delà des Caps (1) à *Melbourne* ou *Geelong*, et vice versâ............	8	60	7	5 1/2	40	5
2° D'en deçà des Caps à *Melbourne* ou *Geelong*, et vice versâ..............	5	40	5	3 1/2	27	3.
3° D'au delà des Caps au mouillage extérieur (2) de la baie d'*Hobson* ou au mouillage de la *Pointe Henri*, et vice versâ.....................	7	50	6	4 1/2	31	4
4° D'en deçà des Caps au mouillage extérieur de la baie d'*Hobson* ou au mouillage de la *Pointe Henri*, et vice versâ	4	30	4	3	20	3
5° D'au delà des Caps à un mouillage en deçà des Caps et en aval des détroits de *Bass* et de *Banks*, et vice versâ	3	20	3	2	14	2
6° De *Melbourne* à la *Pointe Henri*, et vice versâ.....................	3	20	3	2	14	2
7° De *Melbourne* à *Geelong*, et vice versâ	4	24	5	3	16	2
8° Changement de mouillage dans les baies d'*Hobson* ou de *Corio*........	1	10	1	1	7	1
9° De la baie d'*Hobson* à *Melbourne*, et vice versâ.....................	3	5	2	2	4	2
10° De la *Pointe Henri* au havre intérieur de *Geelong*, et vice versâ......	3	7	2	2	5	2
PORT-ALBERT, entrée et sortie.......	4	30	4	3	20	3
BAIE DE PORTLAND, BELFAST ou WARRNAMBOOL, entrée et sortie...	3	20	2	2	14	2

Les navires forcés de rentrer dans un port, après avoir été pilotés jusqu'à la mer, payent *moitié* des droits ci-dessus ; en

---

(1) Le Cap *Otway* et le Promontoire *Wilson*.

(2) Les mouillages *extérieur* et *intérieur* sont déterminés par une ligne partant du phare de la pointe Gellibrand et traversant la bouée blanche de St-Kilda,

sont exempts les navires jaugeant moins de 500 tonneaux et ceux qui n'ont réellement pas reçu les services d'un pilote.

NOUVELLE-GALLES DU SUD.

Un acte du 19 août 1852 a supprimé :

1° Les droits qui étaient précédemment payés aux patrons du port pour l'abordage des navires d'arrivée et leur déplacement d'un mouillage à un autre ;

2° Les droits de phare ;

3° Les droits de déclaration à l'entrée et à la sortie ;

4° Les droits de tonnage.

MONNAIES, POIDS ET MESURES

EN USAGE AUX COLONIES ANGLAISES EN AUSTRALIE.

(Victoria, Nouvelle-Galles du Sud, Terre de Van-Diémen, Australie occidentale, Australie du Sud.)

Monnaies.

Livre sterling	=	25 f.
Shilling	=	1 25
Denier ou penny	=	0 104

Poids.

Livre (16 onces)	=	0 kil. 4535
Quintal	=	50 797
Tonneau	=	1015 940

Mesures de longueur.

Pied	=	0 m. 3048
Yard	=	0 9144

Mesures de solidité.

Pied cube .... $=$ 28 décim. ^{3} 315
Tonneau de mer.................... $=$ 1 m. ^{3} 1326

Mesures de capacité.

LIQUIDES :

Gallon .... $=$ 4 lit. 543
Baril (autre qu'à bière) .... $=$ 143   105

MARCHANDISES SÈCHES :

Quarter .... $=$ 290 lit. 752

COLONIES DANOISES (ANTILLES).

Les dispositions du traité du 9 février 1842 ne sont pas applicables aux Colonies danoises. — Toutefois, les navires français y sont traités sur le pied de la nation la plus favorisée. (Voir **Danemark**.)

ILE SAINTE-CROIX.

Droit d'ancrage. — Ce droit est prélevé d'après le tonnage des navires et fixé comme ci-après, à l'entrée et à la sortie indistinctement, en raison de la quantité de marchandises embarquées ou déchargées, savoir :

Pour moins d'un quart du chargement complet, 16 skil. par last ;

De 1/4 à la moitié du chargement, 32 skil. ;

Plus de la moitié du chargement, 48 skil.

En sont exempts les navires qui ne font pas d'opérations de commerce.

COLONIES ESPAGNOLES.

PORTO-RICO.

PORT DE SAINT-JEAN. — *Droits d'entrée*, 3 piastres; *de sortie*, 3 piastres. Les navires en relâche forcée dans le port de sortie sont exempts des droits.

Droits de certificat du capitaine du port. — 1 piastre 2 réaux (5 f. 94).

Droits de pilotage. — Entrée, 4 piastres; sortie, même prix. Embarcation d'assistance, entrée et sortie, 2 piastres; matelots, 7 piastres. Changement de place dans le port, 2 piastres.

MAYAGUEZ, PONCE, GUYAMA, NAGUABO, AGUADILLA. — Mêmes droits d'*entrée*, de *sortie*, de *certificat*, qu'à port Saint-Jean.

Pilotage. — Entrée, 3 piastres; sortie, 3 piastres. Embarcation et hommes, 4 piastres.

LA HAVANE (CUBA).

Un navire, entré chargé et sorti avec un nouveau chargement, paye 6 florins hollandais 90/100 (14 f. 60) par tonneau, tous droits compris.

Défense de débarquer quoi que ce soit, sans la permission de la douane, sous peine de confiscation de l'embarcation employée au transport, de saisie de la marchandise et d'une amende de 1,000 piastres.

Les bâtiments nationaux chargeant plus de 100 caisses de sucre ne payent, pour droit de tonnage, que 2 réaux 1/2 (1 f. 69); les étrangers, 6 réaux (4 f. 05). Sont affranchis des mêmes droits ceux qui sortent avec une cargaison complète de mélasse.

Les bâtiments en relâche par avarie sont exempts du droit de tonnage.

COLONIES FRANÇAISES.

(Voir à l'article de chacune des colonies.)

COLONIES PORTUGAISES D'AFRIQUE.

ILES DU PRINCE ET DE SAINT-THOMAS.

Droit de tonnage ou *d'entrée*. — 25,600 réis (160 f.) par navire.

Droit d'ancrage ou *de sortie*.—Navires étrangers, 500 réis (3 f. 12) par tonneau de jauge portugaise. — Les mêmes, chargés de produits portugais, 300 réis (1 f. 87) par tonneau. Ce droit est de 200 réis seulement, si ces bâtiments sont entrés sur lest.

Les navires étrangers qui, après payement du droit d'ancrage, sortent sur lest pour un des ports des colonies portugaises où ils prennent une cargaison des produits du pays, ont droit au remboursement de la moitié du droit qu'ils ont payé à leur première échelle.

Les navires admis en *franquia*, qui ne font pas d'opérations de commerce, ne payent que 100 réis (0 f. 62) par tonneau.

Dans tous les cas ci-dessus spécifiés, les navires portugais ne payent que la moitié des droits qui incombent aux étrangers.

Droits et frais de port. — S'il y a eu opération commerciale : Bâtiments portugais, 20,640 réis (129 f.); étrangers, 44,800 réis (280 f.).

S'il n'y a pas eu d'opération commerciale : Navires portugais, 4,640 réis (29 f.); étrangers, 7,200 réis (45 f.).

Droits de pilotage. — Navires nationaux, 2,000 réis (12 f. 50) par bâtiment; étrangers, le double.

Ce tarif ne s'applique qu'à *Saint-Thomas*. A l'*île du Prince*, le pilotage se règle de gré à gré.

ILES DU CAP VERT.

Les droits et taxes de navigation sont évalués comme suit :

DÉPENSES FIXES. — *Droit d'entrée*, 18 f. 75.
Droit d'ancrage, 30 f.
Visite sanitaire, 20 f.
Certificat et timbre, 2 f. 85.

DÉPENSES VARIABLES. — *Garde de mer*, pour chaque jour d'ancrage, 1 f. 88.

Garde de terre, s'il y a eu débarquement ou embarquement de marchandises, par jour, 1 f. 58.

ILES DU CAP VERT, ILES DU PRINCE ET DE SAINT-THOMAS.

Monnaies courantes.

Piastre d'Espagne, 1,000 réis du pays,
soit 30 à 45 p. 0/0 moins que 1,000 réis
de Portugal, ou 697 réis................ = 5 f. 40
   Escudo d'Angleterre   (794 réis) = 6 25
   Dollar des Etats-Unis   (695)... = 5 35
   Piastre du Mexique   (697)... = 5 45,
   Ecu de France   (642)... = 5
   Rixdale d'Allemagne (654 à 657)... = 5 f. 19 à 5 f. 61.

Mesures de capacité.

LIQUIDES :

Almude (12 canadas)................ = 16 lit. 5408
Frasco (7 quartilhos)................ = 1 4682
Quartilho........................ = 0 3446
Pipa (30 almudes)................ = 496 224

MARCHANDISES SÈCHES :

Moïo de Lisbonne.................... = 828 lit.
— des îles du Cap Vert........... = 1987

Poids. — Livre (arratel).......... = 0 k. 45892
Arrobe (32 livres).......,. = 14   685
Quintal (4 arrobes) ...... = 58   740
Lieue (Legoa).................... = 18,709 pieds
ou 6 kilom. 174
Tonneau de jauge................. = 1 m. ³ 065

(Voir pour les autres mesures à l'article *Portugal.*)

DANEMARK.

OBSERVATIONS GÉNÉRALES. — Aux termes de la convention du 9 février 1842, additionnelle au traité du 23 août 1742, les bâtiments danois en France et les bâtiments français dans les ports du Danemark sont soumis aux mêmes droits de tonnage, quel que soit le lieu de leur départ ou de leur destination. Des commissaires ont été chargés de rechercher le taux moyen des droits perçus en Danemark sur les bâtiments nationaux et correspondant à notre droit de tonnage, afin d'en déduire le chiffre du droit à percevoir sur le pavillon danois. On peut juger de l'importance des taxes qu'ont à payer nos nationaux dans les ports du Danemark, si l'on considère que le droit compensateur unique, adopté en France pour les Danois, est de 2 fr. 10 c. par tonneau. (Voir ci-après le taux du *droit de tonnage* proprement dit dans les ports du Danemark.)

Quant aux autres droits affectant le corps des bâtiments, le traitement national est assuré aux navires français, quelles que soient leur destination et leur provenance.

Aux colonies danoises, nos bâtiments jouissent du traitement de la nation la plus favorisée.

A la suite d'une convention du 28 septembre 1857, les *droits de péage du Sund et des Belts* ont été supprimés.

DROIT DE TONNAGE. — Ce droit est fixé comme suit, en raison du chargement, de la provenance et de la destination des bâtiments :

Navires important du goudron, de la poix ou de la potasse, 32 skillings courants par last;

Navires venant d'Europe ou d'un port de la Méditerranée ou de la mer Noire, 64 skillings;

Navires venant d'ailleurs, 80 skillings.

Les bâtiments non assimilés payent moitié en sus.

DROIT DE PHARE. — Pour le navire, 16 skillings par last et autant pour la cargaison; il est perçu de plus, à titre de gratification aux employés, 8 skillings par last.

DROITS LOCAUX.

COPENHAGUE. — *Droit de quai.* — Navires ne restant qu'un jour, 8 skil. par last; pour les 3 premières semaines de séjour, 16 skillings; pour les 3 semaines qui suivent, 12 skil. Passé ce temps, le droit n'est plus perçu.

CANAL DU HOLSTEIN A TONNINGEN. — *Droit de pilotage.* — Pendant les 4 mois d'été (juin, juillet, août et septembre) jusqu'à 7 pieds de calaison, 2 rixdales 24 skil.; navires tirant plus de 7 pieds, 40 skil. par pied en sus de 7.

Pendant les 8 mois d'hiver, 7 rix. 32 skil. jusqu'à 7 pieds; au-dessus de 7 pieds, 1 rix. 12 sk. par pied d'excédant.

Droit de navigation perçu par la douane, 10 skil. par last de 5,000 livres (2,500 k.)

DE TONNINGEN A RENDSBOURG. — *Droits de pilotage.* — Jusqu'à 5 pieds ½ de calaison, 5 rix. 18 skil. par navire; au-dessus de ces tirants d'eau, augmentation de 1 rix. 12 skil. par pied d'excédant.

Droit de la douane de Rendsbourg, 4 skil. par last.

De Rendsbourg a Holtenau. — *Droit de pilotage,* 5 rix. 20 skil. par navire.

Droit d'écluse, 1 rix. ;
Droit de halage, 2 rix. 32 skil. par cheval;
Douane, 1 skil. par last.

Kiel (Baie de). — *Pilotage de Bülk à Holtenau,* 48 skil. par pied de tirant d'eau;
De Bülk à Kiel, 64 skil.
De Bülk à Eckernförde, 80 skil.
De Bülk à la baie de Flensbourg, 1 rix. 32 skil. par pied de tirant d'eau. Aucune perception de pilotage ne peut être moindre de 3 rix. 48 skil.

Cette taxe est en vigueur pendant les 6 mois d'été (1er avril au 30 septembre) ; du 1er octobre au 31 mars il est payé $\frac{1}{6}$ en sus.

Le pilote retenu à bord plus de 24 heures a droit à un supplément de 80 skillings par jour.

Les navires remorqués payent la même taxe. (Règlement du 14 avril 1855.)

Droit de certificat sanitaire. — Navires *à destination de la Baltique* et touchant à un port danois, de 60 lasts (120 tonneaux) et au-dessous, 3 rixdales ; de plus de 60 lasts, 6 rixdales. Le certificat est délivré *gratuitement* aux navires *passant le Sund ou les Belts* et venant d'un point situé *au delà du cap Finistère* ou de pays situés de ce côté-ci du même cap jusqu'à la hauteur de *Landskrona,* pourvu qu'ils soient reconnus non suspects par la commission de quarantaine et qu'ils soient destinés pour un port danois.

Ces mêmes bâtiments sont affranchis de l'obligation de se

munir d'une patente de santé ou de quarantaine. (*Moniteur universel* du 30 mars 1858.)

MONNAIES, POIDS ET MESURES.

Monnaies.

Rixdale species de 96 skillings...	2 fr. 80 à 3 fr.	
Rigsbankdaler species (48 stuvers).	6	»
Stuver......................	»	125
Reichsthaler (48 skillings)........	4	80

Poids.

Last......................	2,500 kil.	»
Livre......................	»	4995
Tonne......................	112	»
Skippund...................	150	»

Capacité.

Tonneau..................	1 hect.	3,135
Tonne....................	1	39
Pot.....................	0 lit.	965
Oxhord..................	225	»

Longueur.

Palme (1/3 de pied).............	0^m 104
Pied........................	0^m 314
Toise.......................	1^m 884

DEUX-SICILES.

Les relations de commerce et de navigation entre la France et le royaume des Deux-Siciles sont réglées par le traité du

14 juin 1845, la convention du 12 mai 1847 et la déclaration du 12 décembre 1851. Aux termes de ces différents actes, les navires français, *venant chargés directement d'un port de France ou sur lest d'un port quelconque*, jouissent, dans le royaume des Deux-Siciles, du traitement national, quant aux droits qui pèsent sur la coque des bâtiments ou sur leurs cargaisons ; dans les autres cas, ils sont considérés comme étrangers. Toutefois, le traitement national est étendu au cas d'escale intermédiaire, en ce qui touche les bateaux à vapeur. Le gouvernement des Deux-Siciles s'est d'ailleurs engagé à n'accorder à aucune autre puissance des priviléges, faveurs ou immunités, sans les étendre au commerce et à la navigation de la France.

Droit de Tonnage. — Navires étrangers ou non assimilés aux nationaux, 40 grains par tonneau (1 fr. 76 c.) En sont exempts les navires en relâche forcée. Ceux qui viennent sur lest prendre un chargement de sel jouissent du traitement national, c'est-à-dire ne payent qu'un dixième de la taxe ci-dessus, soit 4 grains (0 fr. 176).

Le droit de tonnage n'est payé qu'une seule fois en entier dans un même voyage, au port de prime abord, en cas d'escale pour chargement ou déchargement de marchandises, il est de moitié.

Droit de dépôt ou visa de patente. — 55 grains (2 fr. 42 c.) par navire.

Droit d'expédition. — Navires au-dessous de 50 tonneaux, 80 grains (3 fr. 52 c.) ; de 51 à 100 tonneaux, 1 ducat 40 grains (7 fr. 04 c.) ; de 100 à 200 tonneaux, 2 ducats 80 grains (14 fr. 08 c.) ; de 201 tonneaux et plus, 5 ducats 60 grains (28 fr. 16 c.). Ce droit se paye à l'entrée et à la sortie.

Droit de passe-port ou de permis de navigation, 1 ducat (4 fr. 40 c.)

Droit de patente de santé, payable à la sortie de tout bâment. Navires de plus de 200 tonneaux, 2 duc. 40 gr. (10 fr. 60 c.) ; de 200 tonneaux et au-dessous, 1 duc. 20 gr. (5 fr. 28 c.). Bâtiments à voiles latines, 60 grains (2 fr. 64 c.).

Droit de visite des officiers de santé. — 6 duc. (26 f. 40 c.); vacations supplémentaires, 1 ducat par jour.

Droit de pilotage. — Cette taxe donne lieu à un règlement de gré à gré entre les capitaines et les pilotes. Il n'existe pas de tarif. (*Voir les exceptions ci-après.*)

DROITS LOCAUX.

MESSINE. — Les navires, quelle que soit leur nationalité et leur provenance, sont, dans le port *franc* de Messine, assimilés aux bâtiments nationaux, en ce qui concerne le payement des droits de tonnage. De plus, les droits d'expédition et de patente de santé sont pour eux réduits des 9/10mes.

Droits de pilotage. — Navire venant du levant ou du couchant ; conduite de la rade au port, 5 écus (26 fr. 40 c.) ; sortie jusqu'à l'embouchure du canal, même droit ; polacres et bâtiments à voiles latines, 2 écus (10 fr. 56 c.). Pilotage d'un navire dans toute la longueur du détroit, 10 écus (52 fr. 80 c.) ; polacres et petits bâtiments, 4 écus (21 fr. 12 c.).

TRAPANI. — *Droits de pilotage.* — Mouillage en rade, 4 ducats 50 grains (19 fr. 80 c.) ; de la rade au port et *vice versâ*, 1 duc. 20 gr. (5 fr. 28). Le pilotage est, d'ailleurs, facultatif.

GALLIPOLI. — Le pilotage n'est pas obligatoire. Si le pilote est employé, il a droit à 4 duc. 50 gr. (19 fr. 80 c.).

MONNAIES, POIDS ET MESURES.

Monnaies.

Ducat (100 grains)	4 f.	40
Grain	»	0 44
Carlin	»	44

Poids.

```
Rotolo..................     0 k. 891
Cantare (100 rotoli)......    89     09
  d'    de Sicile.........    80     »
```

Mesures de longueur.

```
Palme...................    0ᵐ 265
Canne (10 palmes)........    2ᵐ 645
```

ÉCOSSE (Voir Angleterre).

ÉGYPTE.

En vertu du traité du 25 novembre 1838, confirmatif du traité de paix du 25 juin 1802, nos bâtiments jouissent, dans les ports de l'Empire ottoman, du traitement de la nation la plus favorisée. Les dispositions de cet acte sont appliquées en Egypte depuis 1842.

Il n'est perçu en Egypte aucun droit de *tonnage* ni d'*ancrage*.

Le *droit de pilotage* est le même pour toutes les embarcations, sans distinction de pavillon ni de tonnage; il est fixé, par embarcation, à 63 piastres (15 fr.) pour l'entrée, et autant pour la sortie.

Le *droit de congé* ou de sortie (*temkinè*) est fixé, par navire, à 21 piastres (5 fr.).

A ALEXANDRIE, les chancelleries perçoivent 10 fr. en sus, qui se répartissent entre le couvent, l'hôpital et le *cavoas*, porteur du congé. De plus, le droit de pilotage est de 156 piastres (38 fr. 97 c.).

Monnaies et poids.

Piastre .... = 0 f. 28 c
Balle............. = 108 kil.
Quintal (100 rotoli). = 45 kil.
Rotolo. .... = 0 k. 045
Ardeb .... = 1 h. 72

ESPAGNE.

Nos relations de commerce et de navigation avec l'Espagne ont été réglées principalement par le pacte de famille du 15 août 1791 (art. 24) et par la convention explicative du 2 janvier 1768, stipulant à la fois pour les navires français le traitement national et le traitement de la nation la plus favorisée, ce qui emportait spécialement :

1° Assimilation complète du pavillon français au pavillon espagnol ;

2° Liberté pour nos navires d'exercer le cabotage sur les côtes de la Péninsule ;

3° Communauté des pêches sur les côtes des deux Etats.

Cependant, le traité de commerce qui, aux termes du traité de paix du 20 juillet 1814 (art. 2), devait intervenir entre les deux puissances, n'a pas été conclu, et les relation internationales sont restées établies en droit d'après les anciens actes cités plus haut. En ce qui concerne les *navires*, les dispositions des anciens traités ont été fidèlement exécutées par la France, mais non par l'Espagne ; toutefois, le gouvernement espagnol a rendu, à la fin de 1844, au pavillon français, le traitement national pour le payement des droits de *navigation*. Quant au traitement des marchandises, les anciens traités n'ont pas été remis en vigueur.

Droit de tonnage. — Les navires en relâche forcée ne

payent pas de droits de tonnage. (Ordre du 26 mars 1839.)

Ces droits, qui, dans quelques ports, se confondent avec le droit d'ancrage et forment, dans certains autres, un droit spécial, varient de 1 à 5 réaux par tonneau.

DROITS LOCAUX.

BARCELONE. — Les navires de 80 tonneaux et au-dessous sont exemptés de l'obligation de prendre un pilote. (Avis du consul de France en Catalogne, du 15 mai 1853.)

LA COROGNE. — *Droits de pilotage.* — Ces droits sont uniformément perçus, quel que soit le tonnage des bâtiments.

Entrée. — De 3 lieues en dehors de la *Tour d'Hercule* au mouillage, 240 réaux (63 fr. 18 c.) ; de la *Tour d'Hercule* au mouillage, 200 réaux (52 fr. 63 c.) ; de l'entrée de la baie de *Betanzos*, 160 réaux (42 fr. 10 c.) ; d'en dehors du *Chateau-Saint-Antoine*, 8 réaux (21 fr. 05 c.).

Sortie. — Du mouillage jusqu'au *Ferrol*, 160 réaux (42 fr. 10 c.) ; jusqu'à *Fontan*, *Betanzos*, *Puente de Ume*, même prix ; jusqu'au delà de la *Tour d'Hercule*, prix fixé de gré à gré, en moyenne, 100 réaux (26 fr. 31 c.).

Changement de mouillage, 140 réaux (36 fr. 80 c.) ; bateau d'aide, tiers du même prix ou 46 réaux environ (11 fr. 90 c.).

BILBAO. — *Droits généraux de navigation.* — Un navire de 166 tonneaux paye 0 florin 98/100 hollandais (1 fr. 908) par tonneau.

CADIX. — *Droits de pilotage.* — L'emploi du pilote est obligatoire. Le droit est de 120 réaux 16 maravédis à l'entrée et autant à la sortie.

Mouillage dans la baie, 180 réaux 24 maravédis.

Mouillage dans la baie du *Puntal*, dans les eaux du fort *San-Laurenzo de Puntal*, 75 réaux de plus ; de la baie de

Cadix à celle de *Puntal*, 180 réaux 16 maravédis, par chaque changement de mouillage ; chaloupe d'assistance du pilote, 45 réaux.

AUTRES DROITS :	TONNAGE.	ANCRAGE.	CUBAGE.	FEUX.	CAPITAINE DE PORT.
	par tonneau.				
Trois mâts................	1 réal.	75^r	10^r	6^r	8^r
Autres bâtiments à voiles carrées, de plus de 150 tonn.	d^o	55	6	4	6
De 75 à 150 tonneaux.......	d^o	30	4	2	4
De 40 à 75 —	d^o	20	2	1	4

Ces droits se payent à la première entrée seulement.

Feux de Tarifa. — 24 maravédis par tonneau ; cette taxe est exigée au passage du détroit de Gibraltar ou avant, quand *le navire doit le traverser pour se rendre à sa destination.*

Le *manifeste* de la cargaison doit être remis dans les 24 heures de l'arrivée.

SANTANDER. — Il est perçu dans ce port un droit spécial de *curage* de 2 réaux (0 fr. 54 c.) par tonneau sur toute embarcation entrant dans le port.

Droits de tonnage. — Navires étrangers, 1 réal ¹/₂ par tonneau ; navires nationaux ou y assimilés, 1/2 réal ;

Droit sur le montant du fret. — Navires étrangers 1 0/0 ; nationaux ou y assimilés, 1/4 0/0.

Patente de santé. — Navires nationaux de 76 à 100 tonneaux, 10 réaux ; de 100 tonneaux et plus, 20 réaux ; étrangers non assimilés, 20 ou 40 réaux, suivant le tonnage.

Visite de la chaloupe de santé. — Navires *espagnols,* jusqu'à 150 tonneaux, 20 réaux ; de 150 tonneaux et plus, 40 réaux. — *Étrangers,* 80 et 120 réaux, suivant le tonnage.

MONNAIES, POIDS ET MESURES.

Monnaies.

Réal..................... = 0 f. 27
Centième................. = 0 0027
Maravédis................ = 0 008
Ochavo (2 maravédis)..... = 0 016

Mesures de capacité.

MARCHANDISES SÈCHES :

Fanègue (grains)............ = 55 lit. 50
   Varie entre 54 lit. 800 et 57 lit.

LIQUIDES :

Arrobe { grande (vin). = 32 cuartillos { = 16 lit. 133
     { petite (huile) = 32 cuartillos { = 12 560
Cuartillo..................... = 0 504

Mesures linéaires.

Vare (3 pieds)............. = 0 m. 8359
Pied (12 pouces).......... = 0 2786
Pouce (12 lignes)......... = 0 0232

Mesures de solidité.

Coudée cube.................. = 0 m.^{3} 170661
Pied cube................... = 0 m.^{3} 021634
Tonneau ordinaire........... = 0 m.^{3} 908628
   — d'Amérique........... = 1 m.^{3} 518469

Poids.

Quintal (4 arrobes)................ = 46 k. 009
Arrobe { Vin..... = 32 livres..... = 14 .720
{ Huile... = 25 d°...... = 11 501
Livre (2 marcs .... = 0 460
Marc (8 onces) .... = 0 230
Once...................... = 0 02875
Livre catalane................. = 0 4025

ETATS BARBARESQUES.

MAROC.

Le traité de paix du 10 septembre 1844, confirmatif des traités antérieurs, assure à la France le traitement de la nation la plus favorisée et une liberté complète de commerce et de navigation.

Une convention de commerce et de navigation ayant été conclue, le 9 décembre 1856, entre l'Angleterre et le Maroc, les stipulations de cet acte sont applicables à la France. En voici le résumé, en ce qui concerne les droits et taxes de navigation auxquels sont assujettis les navires, à leur entrée ou à leur sortie des ports du Maroc.

DROITS DE TONNAGE ET DE PILOTAGE. (*Bâtiments à voiles.*) —Dans les ports du Maroc, à l'exception de ceux désignés ci-après, il est perçu sur chaque navire à voiles jaugeant 200 tonneaux ou au-dessous, 6 moozoonats (0 f. 375) par tonneau ; sur chaque navire jaugeant plus de 200 tonneaux, 6 moozoonats (0 f. 375) par tonneau, pour les premiers 200 tonneaux, et 2 moozoonats (0 f. 125) par chaque tonneau de surplus.

Ces droits sont calculés en prenant pour base le tonnage indiqué par les papiers de bord.

A RABAT et à LARACHE, il est payé 4 moozoonats (0 f. 25)

par tonneau, *pour droit de pilotage* dans la rivière, si le navire y entre, et autant à la sortie ; plus, pour *droit d'ancrage*, 3 moozoonats (0 f. 18,75) par tonneau sur chaque navire entrant en rivière.

Pour les navires qui n'entrent pas en rivière, il n'est perçu que les droits des autres ports.

A MOGADOR, il est perçu 4 moozoonats (0 f. 25) par tonneau, seulement pour *droit de pilotage* à l'entrée, et 6 moozoonats (0 f. 375 $^m/_m$) par tonneau pour *droit d'ancrage*.

Dans les autres ports, si le capitaine d'un navire requiert un pilote, il le paye au taux de 2 moozoonats (0 f. 125) par tonneau.

(*Bâtimens à vapeur.*) — Sur tout bâtiment à vapeur entrant dans un port du Maroc dans le but d'y prendre ou d'y débarquer une cargaison, il est perçu 16 dollars (84 f.) à titre de *droit d'ancrage* ; si le bâtiment se dirige, à sa sortie, sur un autre port du Maroc où il fait opération de commerce, le même droit est de nouveau exigible, à moins que le navire n'ait déjà payé le droit d'ancrage dans ce second port, et si, d'ailleurs, dans l'intervalle, il n'a pas fait escale dans un port étranger.

Dans tous les cas, le droit d'ancrage sur un vapeur de 150 tonneaux et au-dessous ne doit pas dépasser celui qui incombe à un bâtiment à voiles du même tonnage.

Droits des employés. — Chaque bâtiment est tenu de payer, en sus des droits précités, les sommes ci-après aux employés des ports ; savoir :

Navires de 25 tonneaux et au-dessous... 20 onces (5 f.)
— de 25 à 50 inclusivement ...... 40 — (10 f.)
— de 50 à 100 dito.......... 60 — (15 f.)
— de 100 à 200 dito............. 80 — (20 f.)
— au delà de 200 tonneaux....... 100 — (25 f.)

Tétuan. — Indépendamment de ces taxes, le capitaine de tout navire entrant dans le port de Tétuan, paye 16 onces (2 f. 50) pour le port des papiers de bord de Martien à Tétuan ; 5 onces (1 f. 25) au crieur qui annonce l'arrivée du navire, et 3 onces (0 f. 75) au crieur public.

Exemptions de droit d'ancrage. — Aucun droit d'ancrage n'est réclamé dans le cas où des navires entrent dans les ports du Maroc pour y chercher un refuge et s'ils n'y opèrent ni chargement ni déchargement. — Sont également exempts de ce droit les bateaux-pêcheurs.

Renseignements divers. — *Manifestes.* — Le manifeste de chargement d'un navire doit être, lors de l'arrivée, remis à la douane marocaine, qui a le droit de faire la visite du navire à l'arrivée et au départ, et d'installer un gardien à bord pour prévenir tout trafic illégal.

Au moment du départ, tout capitaine de navire est tenu de présenter un manifeste de chargement des marchandises exportées, revêtu du visa du consul ou du vice-consul.

MONNAIES, POIDS ET MESURES.

Dollar, 5 f. 25 ; once, 0 f. 25 ; moozoonat, 0 f. 0625.—La pièce de 20 f. est reçue par la douane de Mogador pour sa valeur nominale.

Cantar, 54 kilogrammes ; livre, 0 k. 540.

Fanègue rase, 56 litres 39 ; fanègue comble, 72 litres 68.

TUNIS (Régence de).

Les relations commerciales et de navigation entre la France et la Régence de Tunis sont réglées par le traité de paix du 8 août 1830 qui accorde aux navires français le traitement de la nation la plus favorisée. — Le bey de Tunis ayant continué depuis cette époque à ne pas reconnaître la souveraineté de la Porte-Ottomane, cet acte, conclu avec lui comme avec une puissance indépendante, n'a pas cessé de faire loi entre les pa ties contractantes.

Les droits de navigation à percevoir dans la Régence de Tunis varient suivant les ports; voici les principaux :

TUNIS. — *Droit d'ancrage* (entrée et sortie comprises). — 12 f. 60 par navire.

Droit de capitainerie de port. — Néant.

Droit d'aiguade. — 6 f. par chaque bâtiment, qu'il prenne de l'eau ou non.

Les droits ci-dessus sont payés à chaque voyage; ceux qui vont être indiqués ne se payent qu'occasionnellement et alors seulement que les bâtiments se trouvent dans certaines conditions prévues.

Droit d'entrée du canal de la Goulette, pour réparations : 20 piastres par jour, pour les bâtiments jaugeant plus de 60 tonneaux, et 2 piastres 8 caroubes pour ceux qui n'atteignent pas ce tonnage.

Droit de lestage. — 15 piastres.

Droit d'abri du môle de la Goulette. — 12 caroubes par tonneau, plus 3 piastres pour honoraires du capitaine de port.

Droits de quarantaine. — Observation pendant *dix* jours, 132 f.; pendant 20 jours, 243 f.; pendant 25 jours, 288 f.

SOUSSE et MONASTIER. — *Droit d'ancrage.* — 5 f. 10.

Droit de capitainerie de port. — 1 f. 20.

Droit d'aiguade. — 0 f. 60 par tonneau d'eau prise à terre.

Droits de quarantaine — Observation pendant dix jours, 135 f.; provenances du Levant, 423 f.

SFAX et GERBIS. — *Droit d'ancrage.* — 5 f. 10.

Droit de capitainerie de port. — 1 f. 50.

Droits de quarantaine. — Observation pendant dix jours, 144 f. 60 ; navires provenant du Levant, 432 f. 60.

MONNAIES, POIDS ET MESURES.

Quintal ou 100 bottes = 50 kilogr.
Métal (mesure pour les huiles) = 19 litres environ.
Caffis (mesure pour matières sèches) = 6 hectolitres ou 16 wèbes.

Wèbe = 37 lit. 50 ou 12 saas.
Saa = 3 lit. 125 ou 4 à 5 fois une double poignée.
Piastre = 0 f. 79 ou 16 caroubes.
Caroube = 0,049 ou 3 aspres 1/6.

TRIPOLI (Régence de).

Voir *Turquie.*

ÉTATS DE MASCATE.

Les navires français, moyennant un droit de 5 p. 0/0 au plus, sur la valeur des marchandises débarquées, sont affranchis de tous *droits de port, tonnage, pilotage,* etc. (Traité conclu à Zanzibar, le 17 novembre 1844.)

ÉTATS SARDES.

Le traité du 5 novembre 1850, confirmé par celui du 14 février 1852, assure la jouissance du traitement national, quant aux droits qui affectent la coque, aux navires *venant directement d'un port de France, avec ou sans chargement, et sans chargement de tout port quelconque;* en tout ce qui concerne le placement, le chargement et le déchargement des navires, et généralement toutes formalités à accomplir dans les ports sardes, les bâtiments français sont assimilés aux nationaux (1).

Sont affranchis des *droits de tonnage et d'expédition :*

1° Les navires entrés et sortis sur lest ;

2° Les navires qui, passant d'un port de Sardaigne dans un autre, justifient avoir déjà acquitté ces droits ;

3° Les navires entrés avec chargement, soit volontairement, soit en relâche forcée, et sortis sans avoir fait opération de commerce.

Le cabotage est réservé au pavillon national.

DROITS GÉNÉRAUX DE NAVIGATION.

PERMIS DE NAVIGATION. — Navires au-dessous de 16 tonneaux, 5 f. ; de 16 à 50 tonneaux, 25 f. ; de 50 à 100 tonneaux, 50 f. ; de 100 à 200 tonneaux, 66 f. ; au-dessus, 100 f.

DROIT D'ANCRAGE. — Par tonneau, 1 f. 30.

Ce droit se paye même en cas de relâche, lorsque le bâtiment reste plus de cinq jours dans le port. — Le 1/3 seulement du droit est exigé pour la seconde relâche.—Exemption complète, en cas de relâche par force majeure.

DROIT D'ENTRÉE DANS LES DARSES. — Navires de 35 tonneaux et au-dessus, 0 f. 10 par tonneau.

DROIT DE PHARE. — 5 centimes par tonneau.

DROIT DE PILOTAGE. — Aucun navire n'est soumis à l'obligation de prendre un pilote ; ceux qui réclament les services d'un lamaneur payent, s'ils tirent de 1 à 9 pieds d'eau, 37 f. 50 ; de 9 à 11 pieds, 4 f. 50 par pied ; de 12 à 14 pieds, 5 f. 25 par pied ; au-dessus, 6 f. par pied.

---

(1) Ces dispositions sont aussi appliquées aux navires faisant l'intercourse entre l'Algérie et la Sardaigne.

MONNAIES, POIDS ET MESURES.

Livre (100 centimes)................ 1 f.
Quintal......................... 100 kilogr.
Barile (vin) 20 fraschi .... = 45 lit. 584.
Sacco (marchandises sèches)...... = 0 hect. 738.

ÉTATS-UNIS.

Aux termes de la convention du 24 juin 1822, les bâtiments français sont soumis à un *droit de tonnage* de 0 dol. 94 (5 fr.) par tonneau (1) à leur entrée dans les ports de l'Union. Quant aux autres droits de navigation, nos navires sont toujours assimilés aux bâtiments américains.

En ce qui conce ne le *droit de tonnage*, il est fait une exception au traité de 1822, pour les navires français venant directement *des îles de la Guadeloupe, de la Martinique, de Saint-Pierre et Miquelon et de la Guyane française*, soit sur lest, soit chargés exclusivement des produits du sol ou des manufactures de ces colonies, dont l'importation est permise par navires américains. Ces bâtiments jouissent du traitement national et ne payent que 5 cents par tonneau de droit de tonnage. Mais, lorsque ces navires possèdent dans leur cargaison un seul colis originaire de France ou renfermant des produits européens, le droit de 94 cents est exigible. *Actes de mai 1828, février 1829, juin 1842 et mars 1845.*)

Voici, d'après une circulaire du ministre de la marine du 17 septembre 1849, quelles sont les règles suivies aux États-Unis pour la perception des taxes de navigation et de douanes sur les bâtiments du commerce français :

Un navire français, chargé totalement de marchandises anglaises prises en Angleterre, n'est soumis qu'au droit de

______

1) Le tonneau = 1m cube 133.

tonnage de 94 cents. Quant à la cargaison, elle devient passible d'une surtaxe de 10 p. 0/0 sur les droits d'entrée.

Un navire français, chargé de marchandises embarquées dans un port étranger quelconque, est admis au même traitement.

Un navire français, chargé en France d'une cargaison dont une partie, débarquée dans un port étranger quelconque, placé sur sa route d'Europe aux Etats-Unis, aurait été remplacée sur ce point d'escale par d'autres marchandises, ne paye également que 94 cents. Les marchandises prises dans le port d'escale étranger sont seules frappées de la surtaxe de 10 p. 0/0.

Droits de phare (1). — Bâtiments autres qu'américains, un demi cent (0 fr. 0268) par tonneau de jauge.

MONNAIES, POIDS ET MESURES.

Monnaies.

Dollar.................. = 5 fr. 35
    (Change moyen, 5 fr. 25.)
Cent................... = 0 053

Mesures de longueur.

Yard.................. = $0^m,9144$
Pied.................. = $0^m,3048$
Pouce................. = $0^m,0254$

Mesures de superficie.

Yard carré............ = $0^{mc},8361$
Pied carré............ = 0 0929
Pouce d° .... = 0 00645

---

(1) Pour mémoire, les navires français n'y étant pas soumis.

Mesures de solidité.

Pied cube................. = 28 décim.³ 315
Tonneau de mer........... = 1$^m3$,13268

Mesures de capacité.

Liquides.

Gallon................... = 3 litres 785
Quart .... = 0 » 946

Marchandises sèches.

Baril (poisson)........... = 119 litres 227
Boisseau .... = 35   237
  d° de sel (56 livres)... = 25 kil. 398

Poids.

Livre..................... = 0 kil. 4535
Once..................... = 0   0283
Quintal (112 livres)........ = 50   797
Baril { farine............. = 98   391
      { viande............. = 108   819
Hogshead (tabac), 1,500 liv.. = 680   122
Tonneau (20 quintaux)...... = 1015   940

(Voir *Alabama, Californie, Caroline, Floride, Géorgie, Guatemala, Massachussets, New-York, New-Jersey, Pensylvanie, Maryland, Texas,* etc.)

ÉQUATEUR (RÉPUBLIQUE DE L').

Aux termes du traité du 6 juin 1843 (ratifié le 9 novembre 1844), le pavillon français est assimilé, dans les ports de cet État, au pavillon national en matière de *droits de ton-*

nage, pilotage et autres affectant le corps des bâtiments. Ces droits, prélevés en raison de la capacité des navires, sont perçus d'après les papiers de bord. Ils sont fixés ainsi qu'il suit, savoir :

Droit de tonnage. — Bâtiments équatoriens ou y assimilés, 2 réaux (1 fr. 35 c.) par tonneau ; étrangers, 4 réaux (2 fr. 70 c.) par tonneau.

Droit d'entrée ou de curage. — Navires nationaux, 4 piastres (21 fr. 60 c.) ; étrangers, 6 piastres (32 fr. 40 c.).

Droit d'ancrage. — Bâtiments équatoriens ou y assimilés, 12 piastres (64 fr. 80 c.) ; étrangers, 16 piastres (86 fr. 40 c.).

DROITS LOCAUX.

Guyaquil. — *Droits de pilotage.*

Navires de 150 ton. et au-dessous : 16 piastres (86 fr. 40 c.)
     —   150 à 200 tonneaux : 20 — (108 fr. » c.)
     —   200 à 250   —   22 — (118 fr. 80 c.)
     —   250 à 300   —   24 — (129 fr. 60 c.)
     —   300 à 400   —   26 — (140 fr. 40 c.)
et ainsi de suite, en augmentant de 2 piastres par chaque accroissement de cent tonneaux. Mêmes droits à la sortie.

MONNAIES, POIDS ET MESURES.

Les monnaies et mesures sont les mêmes que celles employées au Chili. (*V.* à l'article de cet Etat.)

FLORIDE.

(Voir, pour les *droits généraux* de navigation, monnaies, etc., à l'article *Etats-Unis*).

DROITS LOCAUX.

Port de Key-West. — *Tarif des droits de pilotage.* —

Bâtiments calant de 5 à 12 pieds, 1 dollar 60 par pied ; de 12 à 16 pieds, 2 dollars ; de 16 à 18 pieds, 2 dollars 25 c. ; de 18 et plus, 2 dollars 50 c.

Le pilote retenu à bord plus de 24 heures a droit, en sus, à 3 dollars par jour.

St-Marcks. — *Tarif de pilotage :*

Navires calant   8 pieds........ 2 dollars 50 par pied.
       —   de 8 à 10 pieds... 3   —   »   —
       —   de 10 et plus...... 3   —   50   —

Le pilote a droit, en sus, à 2 dollars par chaque nuit passée hors de la barre.

Pensacola. — *Tarif de pilotage* :

Navires calant moins de 8 pieds... 1 dollar 50 par pied.
       —   de 8 à 12 pieds... 2   —   »   —
       —   de 12 à 15   —   2   —   50   —
       —   de 15 à 18   —   3   —   »   —
       —   de 18 et plus —   3   —   50   —

(Règlement d'octobre 1848.)

FRANCE.

DROITS DE NAVIGATION PERÇUS EN FRANCE SUR LES BATIMENTS NATIONAUX.

Droit de francisation.—Bâtiments au-dessous de 100 tonneaux, 9 centimes par tonneau (loi du 2 juillet 1836, art. 6); de 100 à moins de 200 tonneaux, 18 fr. ; de 200 à moins de 300 tonneaux, 24 fr., et 6 fr. en sus pour chaque cent tonneaux au-dessus de 300 (loi du 25 vendémiaire an ii, art. 26).

Droit de tonnage.— Sont soumis à un droit de 1 fr. par tonneau, non compris le décime, les navires français *venant des possessions anglaises en Europe,* sauf le cas de relâche forcée. (Loi du 2 juillet 1836, art. 5 ; arrêté du 26 ventôse an iv ; circulaires des 9 juillet 1832 et 30 décembre 1834.)

En sont exempts les bâtiments venant de la pêche, de la course ou d'un port étranger autre que ceux désignés ci-dessus. (Loi du 27 vendémiaire an II, art. 32.) La même faveur a été accordée à ceux qui font le cab tage d'un port à l'autre du royaume, ou qui arrivent des possessions françaises d'outre-mer. (Loi du 6 mai 1841, art. 20.)

Sont encore exempts du d oit de tonnage, bien que venant des possessions anglaises d'Europe, les navires échoués ou abandonnés· (décision du 7 frimaire an III); provenant d'épaves (circulaire du 9 juillet 1832); chargeant du sel pour l'étranger ou pour la pêche de la morue à Terre-Neuve (ordonnances des 31 juillet et 4 décembre 1816); navire venant de chercher la cargaison d'un bâtiment français qui, parti d'un port, n'appartenant pas à la Grande-Bretagne, a fait naufrage sur les côtes des possessions européennes de cet État. Cette faveur n'est d'ailleurs accordée qu'au bâtiment expédié sur lest d'un port de France et parti directement pour le lieu du naufrage, d'où il ne peut rapporter que des marchandises provenant du navire naufragé (décision du 30 juin 1841).

Perceptible proportionnellement sur les fractions de tonneau (circulaire du 9 juillet 1832), le droit de tonnage est exigible dans les vingt jours qui suivent l'arrivée, et, en tout cas, avant le départ du bâtiment. (Loi du 4 germinal an II, titre 3, art. 12.)

Droit de congé. — Aucun bâtiment français ne peut sortir, sans un congé, du port auquel il appartient. (Loi du 27 vendémiaire an II, art. 22.) Ce congé, signé par le receveur des douanes, n'est délivré que sur la production de l'acte de francisation (circulaire du 11 brumaire an II), dont il reproduit les indications. Le congé n'est valable que pendant une année à partir de sa date; après cette époque, il doit être renouvelé, sous peine de confiscation et de 100 fr. d'amende. (Lois des 27 vendémiaire an II, art. 5, et 6 mai 1841, art. 20.) Les consuls français, en cas de perte du congé d'un navire, peuvent en délivrer un nouveau, lequel n'est que provisoire et valable seulement jusqu'à l'arrivée du navire dans un port de France. (Décisions des 18 pluviôse et 13 messidor an x.)

Le droit de congé est fixé, pour les bâtiments de 30 tonneaux et au-dessus, à 6 fr. ; à 3 fr. pour les bâtiments pontés d'un tonnage inférieur, et à 1 fr. seulement s'ils ne sont pas pontés. (Loi du 27 vendémiaire an ii, art. 6 et 26.)

Droit d'expédition. — Les bâtiments français de 30 à 150 tonneaux payent 2 fr. pour frais d'expédition en douane ; ceux de 150 à 300 tonneaux, 6 fr. ; ceux de 300 tonneaux et plus, 15 fr. (Loi du 27 vendémiaire an ii, art. 36.) Ce droit n'est exigible que lorsqu'il y a lieu à perception du droit de tonnage. (Décision des 23 pluviôse et 8 ventôse an ii.)

Droits de pilotage. — L'organisation générale du service de pilotage en France est réglée par le décret du 12 décembre 1806. Les dispositions de cet acte déterminent les fonctions et les devoirs des pilotes-lamaneurs, ainsi que les obligations qui leur incombent dans leurs rapports avec les commandants des bâtiments de l'Etat et du commerce. Celles de ces dispositions qui sont de nature à intéresser directement les capitaines et les armateurs vont être analysées ci-après :

Le signal qui annonce le besoin d'un pilote est le pavillon français à la tête du mât de misaine, pour les bâtiments du commerce, ou le pavillon en berne à la poupe (art. 20).

Dès son arrivée à bord, le pilote est tenu de faire amener le signal d'appel (art. 21).

Si le pilote se présente à bord d'un bâtiment, monté déjà par un pratique, avant que les lieux dangereux soient passés, il doit être reçu, et le salaire du pratique est déduit de celui du lamaneur, eu égard à la distance respectivement parcourue par chacun d'eux.

Dès l'arrivée du pilote, le capitaine doit lui déclarer le

tirant d'eau exact de son bâtiment, sous peine de responsabilité des événements (art. 32).

Sont exceptés de l'obligation de prendre un pilote les maîtres au cabotage commandant des bâtiments français au-dessous de 80 tonneaux (art. 34). Le capitaine qui, dans tout autre cas, refuse les services d'un pilote est tenu de lui payer les salaires fixés par le règlement.

Il est défendu aux pilotes de quitter les navires avant qu'ils soient ancrés ou amarrés dans les rades ou ports, ou bien avant qu'ils aient franchi les dangers à la sortie (art. 35).

Les pilotes doivent veiller à ce qu'il ne soit pas jeté de lest dans les passes, rades, ports ou rivières (art. 36).

Les ancres et câbles, abandonnés par suite de tempête ou d'accidents, sont levés par les pilotes, auxquels il est payé, pour droit de sauvetage, le quart de la valeur de ces objets, s'ils ont été trouvés sans bouées, le sixième s'ils sont indiqués par des orins et bouées (art. 39).

Toutes promesses faites aux lamaneurs dans le danger de naufrage sont nulles (art. 44).

Les contestations relatives aux droits de pilotage, indemnités et salaires des pilotes sont jugées par le tribunal de commerce du port (art. 50).

Il est dressé dans chaque port et pour chaque station un tarif des droits de pilotage (art. 41).

En exécution de cette dernière disposition, plusieurs règlements ont fixé, dans chaque arrondissement maritime, les salaires et indemnités dus aux pilotes pour chaque port ou station, ainsi que les mesures d'ordre et de police que comporte le service de pilotage. Nous allons présenter ci-après le résumé de ces actes, sans omettre celles de leurs dispositions qui, dans des cas spéciaux, modifient les prescriptions du décret du 12 décembre 1806.

Pour faciliter les recherches, nous devons faire connaître que la liste des ports ou stations est établie par arrondissement maritime, en allant du N. au S. pour les quatre premiers arrondissements, et de l'O. à l'E. pour le cinquième.

PILOTAGE.

PREMIER ARRONDISSEMENT MARITIME.

Dispositions communes à toutes les stations.

Les pilotes ne peuvent exiger d'autres rétributions que celles du tarif, ni consentir à aucun rabais sur leur salaire.

Ils s'opposent au jet dans les passes du lest ou des résidus de charbon.

Aucun navire ne peut entrer dans un port ou dans un bassin sans avoir son pavillon national, que le pilote fera arborer dès qu'il sera monté à bord.

En l'absence de pilotes, les capitaines peuvent prendre des pratiques ; mais ils doivent maintenir ou arborer immédiatement le signal d'appel d'un pilote.

Le pêcheur ou pratique a droit à la portion de pilotage acquise jusqu'au moment où il est démonté par le pilote, sans que cette rétribution puisse jamais être moindre de 3 fr. par marée de jour et de 3 fr. par marée de nuit.

Les capitaines des navires doivent toujours déposer les droits de pilotage, halage, barques d'aide, pour la sortie, entre les mains de leurs courtiers ou consignataires, ou les payer à l'avance s'ils n'ont pas de représentants.

Le lamaneur, qui a piloté un bâtiment d'un port à un autre, a droit, pour sa conduite de retour, à 2 fr. par myriamètre.

DROITS LOCAUX.

DUNKERQUE. — *Pilotage.* — Limites de la station, *Ghivelde* et *Mardick.*

Pilotage à l'entrée et à la sortie. — Tout bâtiment à voiles, français ou assimilé, paye, s'il est chargé, 28 centimes par tonneau de jauge; s'il est sur lest, moitié de ce prix.

Les bateaux à vapeur sont toujours considérés comme chargés et payent moitié du prix du tarif.

Le pilote retenu sur un navire en quarantaine a droit à 4 francs par 24 heures et à la nourriture à bord; pour changement de place d'un navire on lui paye 3 francs.

Conduite des bâtiments : Se paye, par tonneau de jauge, savoir :

De *Dunkerque* à *Gravelines* et *vice versâ*.....	0 fr.	28 c.
— à *Nieuport* et *vice versâ*.......	0	36
— à *Calais* ou à *Ostende* et *vice versâ*	0	40
Du port au delà de la bouée du *Senaud* n° 3 et jusqu'à celle n° 2, et *vice versâ*..............	0	10
Du port au delà de la bouée du *Senaud* n° 2..	0	14
Du port au delà des bancs, et *vice versâ*......	0	22
En dedans de la bouée n° 3, il n'est pas dû de conduite ;		
Du port jusqu'à moitié distance de la passe de *Zuydcoote* et *vice versâ*.....................	0	10
Du port jusqu'à cette passe et *vice versâ*.....	0	14
A *Gravelines*, par la rade de *Zuydcoote*, pour les navires qui n'arrivent pas au port, et *vice versâ*	0	32
Pour les mêmes navires, en dehors de la rade, de la hauteur de *Calais* ou de *Gravelines* à *Nieuport* ou à *Ostende*, et *vice versâ*..........	0	40

Loyer des chaînes, câbles et grelins :

Câble ou chaîne, 10 francs par 24 heures.
Grelin, 4 francs par marée.
Aussière, 3 francs par marée.

Bateaux de hâle des lamaneurs. — Dans le port ou en rade, par marée, 12 francs. Transport en rade d'un grelin,

15 francs. — Moitié en sus de ces prix si les lamaneurs vont jusqu'à la bouée n° 2 (du *Senaud*) ou jusqu'à moitié distance de la passe de **Zuydcoote**. Le double lorsqu'ils vont au delà.

Gravelines. — *Pilotage.* — Limites de la station : A l'E., **Mardick**, et à l'O., 1 kilomètre du chenal.

Pilotage d'entrée. — Tout bâtiment français paye :

De 30 tonneaux et au-dessous.	chargé .	8 f.	62
	sur lest.	5	17
De 31 à 60 tonneaux.	chargé .	17	25
	sur lest.	10	35
De 61 à 100 tonneaux.	chargé .	28	75
	sur lest.	17	25
De 101 tonneaux et au-dessus.	chargé .	»	28 p. tonneau.
	sur lest.	»	17 p. tonneau.

Pilotage de sortie. — Les navires sur lest payent le même prix qu'à l'entrée.

Navires chargés, de 30 tonneaux et au-dessous. . . .	6 f. 90
— de 31 à 60 tonneaux.	13 80
— de 61 à 100 tonneaux.	23 »
— de 100 tonneaux et plus, 23 c. par tonneau.	

Les navires en relâche ne payent, à l'entrée et à la sortie, que les 2/3 du prix du tarif.

Conduite des navires dans les ports de Dunkerque ou de Calais, de 100 tonneaux et au-dessous. 28 f. 75

De 101 tonneaux et au-dessus. . . . . . » 28 p. tonneau.

Pilote retenu à bord : Par marée, 3 francs.

Canots d'assistance. — 10 francs, à l'entrée comme à la sortie.

Les pilotes ne peuvent exiger que le 1/4 du pilotage, s'ils ont pris le navire en deçà des balises de la barre.

Calais. — *Pilotage.* — Limites de la station, à l'E., 1 kilomètre en deçà *du chenal de Gravelines*; à l'O., *la pointe du cap Grisnez.*

Pilotage d'entrée et de sortie. — Navires chargés, 0 f. 25 par tonneau. — Sont considérés comme chargés les bâtiments ayant à bord un ou plusieurs passagers ou des matières d'or et d'argent.

Les bâtiments sur lest payent la moitié du prix indiqué ci-dessus.

Pilote retenu à bord. — Par nuit ou par chaque marée en rade, en l'absence du capitaine, si le navire n'entre pas dans le port, 6 francs ; à bord d'un navire en quarantaine, 5 francs par 24 heures, plus la nourriture ; à bord d'un bâtiment dans le port, ou si le pilote est requis pour piloter un navire qui, par suite d'une circonstance quelconque, ne sort pas du port, 3 francs. Lorsque le pilote aborde un navire à 15 kilomètres (3 lieues marines) du port, il a droit à une gratification du 5me du pilotage. — Tout pilote appelé à bord et non utilisé a droit à 12 francs.

Conduite dans un autre port. — De *Calais* à *Gravelines*, navires de 100 tonneaux et au-dessous, 28 francs ; de 101 tonneaux et plus, 28 centimes par tonneau. — De *Calais* à *Dunkerque* ou à *Boulogne*, 40 francs pour un navire de 100 tonneaux et au-dessous, et 40 centimes par tonneau pour un bâtiment de 101 tonneaux et plus.

Bateaux d'aide. — Navire pris ou conduit en dehors des jetées, 9 francs ; pris ou conduit à la mer, 15 francs. Transport d'un grelin, moitié en sus.

Halage. — Par homme employé :

De l'entrée du port	au quai de marée ou à l'écluse de chasse...................	» f. 50
	à l'intérieur du bassin à flot...	1 »
De la tête de la jetée	de l'O. à l'intérieur du port...	» 80
	de l'E, — —	» 70

De l'écluse de chasse (à l'intérieur du port.......... » 40
ou du quai de marée (—   du bassin......... » 50

Les marées de nuit sont payées moitié en sus.

BOULOGNE. — *Pilotage.* — Limites de la station : Le *cap Grisnez* et *Cucq.*

Pilotage d'entrée ou de sortie. — Navire français, chargé, par tonneau de jauge, 28 centimes ; sur lest, 14 centimes ; sera considéré comme chargé tout bâtiment ayant à son bord des marchandises occupant plus du 1/3 de sa contenance officielle. — Les vapeurs payent comme navires sur lest, et les bâtiments en relâche, les 2/3 du prix porté au tarif.

Il n'est dû que moitié du droit lorsque le service du pilote n'a commencé qu'en deçà de la bouée ou au delà des jetées. Le pilote n'a droit à aucun salaire à l'entrée s'il a pris le navire en dedans des jetées.

Bateaux d'assistance. — Dans le port et jusqu'à la bouée, 6 francs ; jusqu'en rade, 15 francs. — Transport d'aussières, jusqu'à l'entrée du port, 15 francs ; en rade ou de la rade à terre, 20 francs.

Conduite des navires dans un autre port :

De Boulogne à

Calais, jusqu'à 100 tonneaux, 40 f. 25, au-dess., 40 c. p. tonneau.
Gravelines,   —   57 50   —   57   —
Dunkerque,   —   80 50   —   80   —
Etaples,   —   40 25   —   40   —
St-Valery-s.-Som. et *Tréport*,
    jusqu'à 100 tonneaux... 80 50   —   80   —
Dieppe,   —   92   »   —   92   —

Pilote retenu à bord. — 6 francs par 24 heures, pendant les 5 premiers jours ; 4 francs le 6ᵐᵉ et les jours suivants.

— Nuit de veille ou une marée de retard, 3 francs. Il a droit de plus à la nourriture.

St-Valery-sur-Somme. — *Pilotage.* — Division en deux stations. Limites extérieures, *Cucq* et *Hautebut*; limite intérieure, *St-Valery-sur-Somme.*

Tarif de pilotage. — Bâtiments à voiles chargés.

Entrée (1) de la mer au *Hourdel* . 0 f. 40 c. par tonneau.
   —   —   au *Crotoy*.. 0 50 —
   —   —   à *St-Valery* 0 60 —
Sortie (1) de *St-Valery* à la mer.. 0 30 —
   —   du *Crotoy* à la mer.... 0 25 —
   —   du *Hourdel* à la mer... 0 20 —
   —   de *St-Valery au Hourdel* 0 10 —
   —   —   au *Crotoy* 0 05 —

Les bâtiments sur lest ou n'ayant pas en marchandises le 1/3 de leur jauge payent, à l'entrée, les 2/3, et, à la sortie, la moitié du pilotage. — Les navires venus sur lest et qui partent chargés payent, à la sortie, les 2/3 du droit qu'ils ont acquitté à l'entrée. — En relâche, les 2/3 du prix du tarif.

Conduite dans un autre port. — En sus du prix du Hourdel à la mer, il est payé, pour conduite d'un navire :

D'un port de la baie au *Tréport*....... 1/4 du pilotage.
   —   à *Dieppe*....... 1/3 —
   —   à *Etaples* ...... 1/3 —
   —   à *Boulogne* ..... 1/2 —

Tout navire de plus de 10 tonneaux est tenu de prendre un pilote dans la baie de Somme.

Pilote retenu à bord. — 4 francs par 24 heures, non

---

(1) Si le navire n'est abordé qu'en dedans de la première tonne d'entrée, il est déduit 1/4 sur le droit de pilotage.

compris les jours d'arrivée et de départ. — Conduite du pilote jusqu'à sa station, 2 francs par myriamètre. — Changement de place dans le port, 2 francs.

Chaloupes d'assistance. — 8, 9, 12, 15 ou 18 francs, suivant la distance à laquelle elles accompagnent le navire. — Pour un mouvement du navire dans le port, 6 francs par marée.

Tréport. — *Pilotage.* — Limites de la station : A l'E., *Hautebut*; à l'O., *Penly.*

Les navires qui *entrent* au *Tréport*, chargés ou en partie, pour ce port ou pour celui d'*Eu*, payent :

Navires de	30 à	40	tonneaux............	10 f.	»	c.
— de	41 à	50	—	11	»	
— de	51 à	60	—	12	»	
— de	61 à	70	—	13	50	
— de	71 à	80	—	15	»	
— de	81 à	90	—	17	»	
— de	91 à	100	—	18	»	
— de	101 à	110	—	20	»	
— de	111 à	120	—	22	50	
— de	121 à	130	—	24	»	
— de	131 à	140	—	26	50	
— de	141 à	150	—	29	»	
— de	151 à	160	—	31	50	
— de	161 à	170	—	34	»	
— de	171 à	180	—	36	»	
— de	181 à	190	—	39	»	
— de	191 à	200	—	42	»	
— de	201 à	225	—	46	»	
— de	225 à	250	—	50	»	

et 8 francs en sus par chaque accroissement de 25 tonneaux au-dessus de 250 tonneaux.

Ces prix ne sont applicables qu'aux navires pris en rade.

Ceux pris à l'entrée des jetées ne payent que le 1/3 du tarif. Les navires sur lest payent moitié.

Le pilotage de *sortie* pour les bâtiments chargés est de la moitié des droits portés au tarif, et du 1/3 pour les bâtiments sur lest.

Pilote retenu à bord. — 3 fr. par marée de jour ou de nuit.

Bateaux d'aide. — Jusqu'à la rade, 12 fr.; jusqu'au bout de la jetée, 6 fr.

Halage. — 15 centimes par hommes, pour l'entrée comme pour la sortie, pendant le jour; et 30 centimes pendant la nuit. La taxe du maître haleur est double et il lui est en outre alloué 1 fr. 50 c. par navire.

PORT D'EU. — *Navigation sur le canal de la Bresle.* — *Pilotage.* Navires de 100 tonneaux et au-dessous.   5 f.
      —   de 101 à 200 tonneaux........   8
      —   de 201 tonneaux et plus... ...   10

Moitié de ces prix pour les vapeurs et les navires sur lest. — Aucun bâtiment n'est, d'ailleurs, forcé de prendre un pilote.

Bateaux d'aide, montés de 5 hommes, 9 francs.

Halage. — 1 franc par homme, pour l'aller comme pour le retour.

DIEPPE. — *Pilotage.* — Limites de la station : à l'E., *Penly*; à l'O., *St-Aubin-sur-mer.*

Pilotage d'entrée. — Navires *chargés, abordés en grande rade* (à plus de 2 milles au large), 28 francs pour les premiers cent tonneaux, 25 pour le second cent; 20 francs pour le troisième, et autant pour chaque centaine de tonneaux excédant 300 tonneaux, 4 p. 0/0 en plus pour le pilote major. — Les bâtiments *abordés en petite rade* ne payent que moitié, et ceux *abordés entre les jetées,* le 1/3.

Les navires qui, sans y être obligés, prennent un pilote, payent, indistinctement, 12 francs; les vapeurs, moitié du prix du pilotage. Il en est de même des bâtiments sur lest ou en relâche.

Pilotage de sortie. — Les bâtiments qui prennent charge dans le port payent, à la sortie, la moitié du droit fixé par le tarif; ceux qui sortent sur lest payent le 1/3.

Bateau du pilote. — S'il a été employé, 8 à 12 francs.

Pilote retenu à bord. — 3 francs par jour et autant par nuit.

Halage. — De la jetée de Dieppe jusqu'en dedans de l Epi, par homme.................... 0 f. 15 c.
De la jetée du Pollet jusqu'à la claire-voie..... 0 15
De la Bourse jusqu'au bassin................. 0 30
Du bout de la jetée au bassin................ 0 50

La nuit, la taxe est double; celle des maîtres haleurs est doub'e dans tous les cas, il leur est payé, en outre, 1 fr. ou 1 fr. 50 c. par navire, suivant le tonnage.

Bateaux d'aide. — Dans le port jusqu'à la jetée, 6, 9 ou 12 fr.; jusqu'à la petite rade, 12 fr.; jusqu'à la grande rade, 24 fr.

Saint-Valery-en-Caux. — *Pilotage.* — Limites de la station : *Saint-Aubin-sur-mer* et *Veulettes.*

Les navires qui entrent à St-Valery-en-Caux payent, savoir:

Bâtiments de 50 tonneaux et au-dessous...... 11 fr. 50
—   51 à 75 tonneaux............. 17   25
—   76 à 100   id 23   »
—   101 à 150   id 34   50
—   151 à 200   id 46   »

Au-dessus de 200 tonneaux, augmentation de 8 fr. 60 pour chaque accroissement de 50 tonneaux.

Les bateaux à vapeur et les bâtiments sur lest ou en relâche ne payent que la moitié de ces prix; il en est de même des bâtiments sortant et de ceux qui n'ont été abordés qu'entre les jetées.

Conduite d'un navire de Saint-Valery-en-Caux *à Dieppe,* à *Fécamp* ou *au Havre* : 15 centimes, par tonneau pour les bâtiments à voiles et 12 centimes pour les vapeurs.

Bateaux d'aide, montés de 5 hommes, depuis la grande rade jusqu'au quai : 12 fr., et 6 fr. seulement s'ils n'ont abordé le navire qu'au bout de la jetée.

Droit de guetteurs. Bâtiments français au-dessus de 100 tonneaux : 2 francs, par entrée, au-dessous de 100 tonneaux : 1 franc.

Fécamp. — *Pilotage.* — Limites de la station : *Veulettes* et *Saint-Jouin.*

Tarif de pilotage. — Les bâtiments chargés payent, en raison des distances auxquelles ils ont été abordés par les pilotes, savoir : 17 centimes par tonneau, pour la 1re ligne (1);

   23 id.   id. pour la 2e id.

   20 id.   id. pour la 3e id.

Les bâtiments à vapeur et les bâtiments sur lest ou en relâche ne payent que moitié pilotage. Les navires sortant ne payent que la moitié du salaire fixé pour la 2e ligne.

Pilote retenu à bord : 3 fr. par marée.

Conduite d'un navire, de Fécamp à Dieppe, à Saint-Valery-en-Caux ou au Havre : 15 centimes par tonneau pour les bâtiments à voiles, et 12 centimes pour les vapeurs.

Bateaux d'aide, 8 à 12 fr. par navire.

---

(1) La première ligne se forme à 3 milles dans le N. N. O. du port, *le val d'Yport s'ouvrant par le cap du Chicaud et le val de Senneville ouvert;*

La seconde ligne est formée *par le val d'Etretat, 6 milles dans le N. N. O du port, et le val St-Pierre en Port ouvert;*

La troisième est formée *par le val de Bruneval, ouvert 12 milles dans le N. N. O. du port, et le cap St-Martin au sud.*

Halage. Jetée du Nord: Pendant le jour 15 centimes par homme, et 30 centimes pendant la nuit.

Jetée du Sud, 30 centimes de jour comme de nuit. Les maîtres haleurs perçoivent le double, plus 1 fr. 25 pour la drôme.

Droit des guetteurs. Jusqu'à 100 tonneaux : 5 centimes par chaque tonneau; pour chaque tonneau au delà de 100, 3 centimes. Les relâcheurs payent 1/2 droit.

Bassin (pilotage d'entrée ou de sortie), 3 fr. par navire.

Havre. — *Pilotage.* — Limites de la station : *Saint-Jouin* et *le Hoc.*

Pilotage d'entrée. Les salaires de pilotage *de la grande rade au Havre ou au Hoc* sont de 26 fr. par 100 tonneaux, indépendamment de la nourriture du pilote. Les bâtiments abordés en petite rade (1) ne payent que la moitié et ceux abordés en dedans de la jetée du N. O, le tiers seulement. Les bâtiments abordés dans un rayon de 20 milles du cap de la *Hève*, sont considérés comme en grande rade; ceux qui sont accostés au delà d'un rayon de 20 milles payent 1/3 d'augmentation, et au delà de 40 milles, moitié en sus.

Ces diverses allocations sont augmentées de 1 1/2 p. 0/0, pour les émoluments du pilote-major.

Pilotage de sortie. — Les droits de pilotage à la sortie sont de moitié si le navire est chargé, et de 1/3 seulement, si le navire est en relâche ou sur lest.

Ces droits sont des 2/3, si le capitaine d'un navire chargé requiert le pilote de le conduire au *Hoc* ou à *Honfleur*, et de moitié, si le bâtiment est sur lest.

Pilotage des bassins. — Pour passer un navire de 200 ton-

---

(1) On entend par petite rade du Havre l'espace *compris dans l'angle formé par les deux feux de la Hève, l'un par l'autre, et le château d'Orcher par les magasins du Hoc.* — Tout ce qui est extérieur est grande rade.

·neaux dans un bassin à une marée autre que celle d'entrée :
·3 fr.; même prix pour passer d'un bassin dans un autre; pour
passer un navire de l'avant-port dans un bassin, si le navire
jauge de 201 à 300 tonneaux, 4 fr., et un franc de plus par
chaque augmentation de 100 tonneaux.

Halage. — 30 centimes par homme et par station, la taxe du
maître haleur et de son second est double; il est dû en outre
1 fr. 50 pour la drôme. Le nombre des stations est de 6 depuis
le bout de la jetée jusqu'à l'entrée du bassin.

Bateaux d'aide :	Jusqu'au bout de la jetée....	9 fr.
Id.	et retour.................	12
Id.	jusqu'à la petite rade......	12
Id.	jusqu'à la grande rade......	24
Id.	du Havre au Hoc..........	24
Id.	du Hoc à la grande rade....	30

PILOTAGE DE LA SEINE. — *Dispositions communes aux stations du Havre et de Honfleur.*

Tout bâtiment destiné pour la Seine et qui entre au Havre
ou à Honfleur ne paye que moitié du salaire principal de pilotage. Il en est de même des bâtiments sur lest ou en relâche.
— Les bâtiments de moins de 100 tonneaux ne payent pas les
augmentations à raison de la distance, à moins qu'ils n'aient
appelé le pilote.

Le pilote qui ne peut être débarqué à la sortie, par suite de
force majeure ou de circonstances qui ne proviennent pas de
son fait, est considéré comme officier et reçoit 150 fr. par mois
et sa conduite de retour.

Le pilote retenu à bord a droit à 3 fr. par marée. — Si le
navire n'entre pas au port, le pilote a droit au 1/2 pilotage.

Le bateau d'aide retenu par ordre est payé 12 fr. par marée.
Il est payé aux chaloupes et bateaux d'aide, pour lever des

---

(1) *V. Honfleur et Quillebeuf.*

ancres dans le port : 4 fr. par 100 kilog. du poids de l'ancre, et 0 fr. 80 par 100 kilog. du poids du câble ou de la chaîne. — Le 1/3 en sus si les ancres n'étaient pas indiquées par des bouées.

HARFLEUR. — *Pilotage.* — Limites de la station : *du Lazaret du Hoc au quai d'Harfleur.*

Tarif et Règlement. — Le salaire à payer, pour le pilotage de la rivière d'Harfleur, de la *Pointe du Lazaret au Hoc*, est fixé à 7 fr. pour les bâtiments jaugeant 30 tonneaux et au-dessous, de 31 à 40 tonneaux, 9 fr. et ainsi de suite, en ajoutant 2 fr. pour chaque accroissement de dix tonneaux. — Les navires non destinés pour Harfleur payent le 1/3 du prix ci-dessus. — Le prix du halage est fixé à 2 fr. pour chaque haleur depuis le Hoc jusqu'au vieux port (*V. le Havre*).

BERVILLE. — *Pilotage de la Rille* : Jusqu'à 50 tonneaux, de 3 fr. à 6 75 ; de 51 à 60 tonneaux, 8 fr. 25 ; de 61 à 70 tonneaux, 9 fr. 75 ; de 71 à 80 tonneaux, 12 fr. ; de 81 à 90 tonneaux, 15 fr. 75 ; de 91 à 100 tonneaux, 18 fr. 75.

Les navires pris à Honfleur payent le double, et ceux pris au Havre le triple.

ROUEN. — Pilotage *de Rouen à la Mailleraye.*

Navires de 70 tonneaux et au-dessous.... 20 fr.
    Id.   71 à 100 tonneaux.......... 25 »
    Id.   101 à 140   id .... 30 »
    Id.   141 à 170   id............. 35 »
    Id.   171 tonneaux et plus.......... 40 »

(*V. stations de Quillebeuf et de Villequier.*)

QUILLEBEUF ET VILLEQUIER. — (*Pilotage intérieur de la Seine.*

Quillebeuf.—Tarif : navires de 20 tonneaux et au-dessous, 18 fr. »

Les autres payent le même prix, plus 4 fr. 50, par chaque 10 tonneaux en sus de 20.

De Villequier à Aizier, il est payé 1/6 du pilotage.

D'Aizier à Quillebeuf,   id.   id.

De Quillebeuf à Saint-Jacques ou *à Berville*, 1/3 du pilotage.

De l'un de ces ports à *Honfleur, le Havre* ou à *la petite rade*, 1/3 du salaire.

Le pilote qui, sans relâche ou échouement en aval de Quillebeuf, fait monter en rivière un navire pris en dehors de la petite rade du Havre, a droit à 1/3 en sus du pilotage, et à 1/4 s'il a pris le navire en petite rade.

En cas d'échouement ou de relâche en aval de Quillebeuf, à Harfleur ou au Havre, le pilote ne reçoit qu'un huitième du salaire principal.

Halage : 30 centimes par homme ; la taxe du maître haleur est double.

Villequier.—Les navires de 20 tonneaux et au-dessous payent 6 fr. 60 pour frais de pilotage ; ceux d'un tonnage plus élevé payent en sus 0 fr. 75 par chaque augmentation de 10 tonneaux.

De Villequier à Caudebec, ou *de Caudebec à la Mailleraye.* — Moitié du tarif précédent.

Les haleurs, depuis Villequier jusqu'à la Mailleraye, reçoivent 3 fr. par homme. — Les bâtiments de 50 tonneaux et au-dessous peuvent ne pas prendre de pilote. (*V. Rouen.*)

Honfleur. — *Pilotage.* — Limites : *Honfleur* et *Villerville.* — (Voir à l'article *Havre : Dispositions communes à cette station.*)

Tarif. — Les salaires des pilotes, de la *grande rade* (1) à *Honfleur* ou au *Hoc*, sont de 26 f. par 100 tonneaux

---

(1) On entend par *grande rade* de Honfleur ce qui est *à l'ouest de la ligne qui joint les feux de la Hève au château de Lassé*, et par *petite rade* ce qui est *à l'Est de cette ligne*.

indépendamment de la nourriture. Ges salaires sont *réduits* :

De 1/4 pour les navires abordés entre le *château de Lassé* et *Villerville* ;

De 1/2 pour ceux qui ont été pris entre *Villerville* et *Vasouy* ;

Des 2/3 pour ceux qui n'ont été abordés qu'entre *Vasouy* et la *jetée de l'Hôpital* ;

Des 4/5 pour les bâtiments pris entre les jetées.

Ils sont *augmentés* d'un tiers pour les bâtiments abordés dans un rayon de 20 à 40 mètres du cap *La Hève*, de moitié pour les bâtiments pris au delà de ce rayon.

Les droits pour la sortie sont des 2/3, si le bâtiment est chargé, et de moitié si le bâtiment est sur lest ou en relâche.

Les droits de pilotage sont augmentés de 4 p. 0/0 en faveur du pilote major.

Sont considérés comme chargés les navires ayant à bord un 20ᵉ de leur jauge légale ; par exception, les navires chargés de moellons ou de pierres à plâtre peuvent en avoir usqu'à concurrence d'un tiers.

Passage des bassins. — 3 f. s'il s'agit de l'entrée ou de la sortie d'un bassin communiquant avec l'avant-port, et 6 f. si le bâtiment passe d'un bassin dans un autre.

Halage. — 20, 30 ou 50 centimes par homme, suivant la distance. — Taxe double pour le maître haleur, et moitié en sus pour le halage de nuit ; de plus, 1 f. 25 par navire pour entretien de la drôme.

Bateaux d'aide. — Salaire intérieur du port...... 9 f.

Entrée ou sortie jusqu'à Vasouy. 12

Jusqu'à Penne de Pic 15

— Villerville ou au Hoc.. 21

— la grande rade........ 24

Trouville (1). — *Pilotage.* — Limites de la station : *Villerville* et *La Chapelle-Saint-Christophe.*

TARIF DES SALAIRES.

	DISTANCES			
	DU BANC à BOEUFS	DE LA RADE	DU BANC à BOEUFS	DE LA RADE
	A TOUQUES et *vice versâ.*		A TROUVILLE et *vice versâ.*	
Navires de 15 tonneaux et au-dessous	6 90	5 75	3 45	2 90
— de 16 à 20 tonn.	8 »	6 90	4 »	3 45
— de 21 à 25 —	8 50	7 50	4 25	3 70
— de 26 à 30 —	9 20	8 »	6 40	4 »
— de 31 à 40 —	10 30	9 20	5 20	4 60
— de 41 à 50 —	11 50	10 30	5 75	5 20
— de 51 à 60 —	13 80	12 »	6 90	6 30
— de 61 à 70 —	16 10	14 90	8 »	7 50
— de 71 à 80 —	18 40	17 20	9 20	8 60
— de 81 à 90 —	20 70	19 50	10 30	9 60
— de 91 à 100 —	23 »	21 80	11 50	10 90
— de 100 à 110 —	27 »	26 »	13 80	13 20
— de 111 à 120 —	31 »	30 »	17 80	17 70
— de 121 et au-dessus.	36 »	35 »	23 90	23 80

Halage. — Pour toute espèce de bâtiment :

De la rade à Touques et *vice versâ*...   1 f. 25 par homme.
De Trouville à Touques   dito......   1   »   —
Demi-distance de Trouville à Touques.   »   75   —

(1) Pour tous les cas non prévus par le règlement de Trouville, voir à l'article de *Honfleur.*

Beuzeval. — *Pilotage de la Dives.* — Limites de la station :
La Chapelle-Saint-Christophe et *Le Buisson.*

Tout bâtiment de 21 tonneaux et au-dessus est astreint à
prendre un pilote à l'entrée et à la sortie de la Dives.

Le pilotage est fixé ainsi qu'il suit, pour les navires abordés
en dehors de la balise du large :

De 20 à 25 tonneaux, 8 f. ; de 26 à 30 tonneaux, 9 f. ; de
31 à 40 tonneaux, 10 f. ; de 41 à 50 tonneaux, 12 f. ; de 51
à 60 tonneaux, 13 f. ; de 61 à 70 tonneaux, 15 f. ; de 71
à 80 tonneaux, 18 f. ; de 81 à 90 tonneaux, 20 f. ; de 91
à 100 tonneaux, 22 f. ; de 101 à 110 tonneaux, 25 f. ; de
111 tonneaux et au-dessus, 29 f.

Mêmes droits pour la sortie. — 1/4 seulement si le bâtiment n'a été pris qu'en dedans de la balise.

Pilote retenu à bord. — 2 f. par nuit.

Chaloupe de halage. — 1 f. ou 1 f. 25 par homme et par
embarcation, par marée.

Ouystreham et Sallenelles. — (*Pilotage de l'Orne.*) —
Limites de la station : *Le Buisson* et *Langrune.* — Les bâtiments de 25 tonneaux et au-dessus sont astreints à l'obligation de prendre un pilote dans l'Orne.

Les droits de pilotage sont payés comme ci-après :

Navires de	20	tonneaux et au-dessous	......	12 f.	»
—	21 à	25	tonneaux............	13	10
—	26 à	30	—	14	25
—	31 à	35	—	15	35
—	35 à	40	—	16	50
—	41 à	45	—	17	65
—	46 à	50	—	18	75
—	51 à	55	—	19	90
—	56 à	60	—	21	»
—	61 à	65	—	22	15

Navires de	66	à	70	tonneaux et au-dessous.		23 f.	25
—	71	à	76	—	....	24	40
—	77	à	80	—	....	25	60
—	81	à	85	—	....	26	65
—	86	à	90	—	....	27	75
—	91	à	95	—	....	28	90
—	96	à	100	—	....	30	»
—	101	à	110	—	....	32	25
—	111	à	120	—	....	34	50
—	121	à	130	—	....	36	75
—	131	à	140	—	....	39	»
—	141	à	150	—	....	41	25
—	151	à	160	—	....	43	50
—	161	à	170	—	....	45	75
—	171	à	180	—	....	48	»
—	181	à	190	—	....	50	25
—	191	à	200	—	....	52	50

Les droits perçus à l'entrée ne comprennent le pilotage que depuis la pleine mer jusqu'à *Colombelles*. Les navires français jaugeant moins de 70 tonneaux sont dispensés de se faire piloter au delà de ce dernier point. — Pour les autres, le pilotage est obligatoire jusqu'à Caen, et les pilotes perçoivent en sus une indemnité de 3 fr.

Les navires entrant ou sortant sur lest, ou en relâche, ne payent que demi-droit.

A l'égard des navires qui ne remontent pas jusqu'à Caen, les droits sont réglés comme suit :

De la haute mer jusqu'à la *Pointe du Siége*.   1/2 droit.

De la *Pointe du Siége* au *Maresquay* ou au lieu dit *des Cerisiers* .... 1/4 du droit.

Le pilote retenu à bord a droit à 3 f. par jour et à 3 f. par nuit. — Pour chaque haleur, 1 f. 50.

Courseulles. — (*Pilotage de l'Orne.*) — Limites : *Langrune* et *Vierville*.

Tarif. — Pour l'entrée comme pour la sortie : 4 f., 5 f.,
6 f., 7 f. 50, 9 f., 10 f. 50, 11 f. 50, 12 f., 13 f., 15 f., 17 f.,
20 f. ou 23 f., suivant que le bâtiment jauge : 25, 30, 40, 50,
60, 70, 80, 90, 100, 125, 150, 175 ou 200 tonneaux.

Pilote retenu à bord. — 1 f. 50 par marée, plus la nourriture.
— Les navires sur lest ou en relâche ne payent que la moitié
des droits.

GRANDCAMP et CARENTAN (1). — (Pilotage de la Taute ou
rivière de Carentan.)

Limites : *Vierville* et *Saint-Marcouf.*

Tarif. — Conduite d'un navire depuis la mer, hors des
bancs, jusqu'à *Carentan :*

Navires de 20 à	30	tonneaux	....	10 f.
—	31 à 40	—	....	14
—	41 à 50	—	....	17
—	51 à 60	—	....	20
—	61 à 70	—	....	23
—	71 à 80	—	....	26
—	81 à 100	—	....	29
—	101 à 120	—	....	32
—	121 à 140	—	et plus	36

Même tarif pour la sortie et pour la conduite des navires,
de *Carentan* à *Isigny.*

Navire abordé dans les passes, entre la première tonne et
le *Grand-Vey*, réduction d'un tiers du pilotage.

Navire abordé au *Grand-Vey*, réduction de moitié ; même
prix pour les navires qui, venant de la mer, relâchent au
Grand-Vey.

Voyage d'un pilote au *Grand-Vey*, avec son embarcation,
3 fr.

---

(1) Pour les cas non prévus par ce règlement, voir celui d'*Isigny.*

Isigny. — (*Pilotage de la Vire.*) — Limites : *Vierville* et *Saint-Marcouf.*

Tout navire de 20 tonneaux et au-dessus est tenu de prendre un pilote, tant à l'entrée qu'à la sortie.

Tarif. — Bâtiment pris en mer, hors des bancs, et conduit à Isigny : De 20 à 30 tonneaux, 9 f. ; de 31 à 40 tonneaux, 13 f. ; de 41 à 50 tonneaux, 16 f. ; de 51 à 60 tonneaux, 19 f. ; de 61 à 70 tonneaux, 22 f. ; de 71 à 80 tonneaux, 25 f. ; de 81 à 100 tonneaux, 28 f. ; de 101 à 120 tonneaux, 31 f. ; de 121 à 140 tonneaux et au-dessus, 35 f.

Pour un navire abordé dans les passes, le salaire est réduit d'un tiers ; il est réduit de moitié si le navire n'a été abordé qu'au *Grouin.* — Les relâcheurs, au *Grouin,* payent demi-pilotage.

Les navires sortant du port payent le même prix qu'à l'entrée. — Il en est de même pour ceux qui se rendent d'*Isigny* à *Carentan.*

Les navires entrant ou sortant sur lest ne payent que demi-pilotage.

Pilote retenu à bord. — 3 f. par jour ; 3 f. par nuit ; plus, la nourriture.

Prime pour abordage d'un navire en danger, 30 f., et 6 f. seulement par beau temps.

La Hougue et Barfleur. — Limites : *Saint-Marcouf* et *Réthoville.*

Tarif de pilotage. — Conduite des navires depuis *deux mille au large* jusqu'au mouillage de *Barfleur* ou *en rade de la Hougue :* navires de 100 tonneaux et au-dessous, 12 fr. ; de 101 à 150 tonneaux, 14 fr. ; de 151 à 200, 19 fr. ; pour chaque tonneau en sus de 200, 0 f. 08 c.

La moitié seulement de ces prix est payée pour les navire abordés à moins de deux milles du mouillage.

Pour l'entrée dans le port des navires chargés, les pilotes reçoivent 15 centimes par tonneau, et les 2/3 seulement pour les navires sur lest. Mêmes prix pour la sortie. Les navires en relâche ne payent que les 2/3 du tarif de conduite de la mer au mouillage.

Bateaux d'aide, 9 fr. pour chaque corvée.

Pilote retenu à bord. — 3 fr. par jour et 3 fr. par nuit, plus la nourriture.

CHERBOURG. — *Pilotage*. Limites, *Réthoville* et le *cap La Hague*.

Les droits de pilotage, pour les navires chargés, sont fixés comme suit :

BATIMENTS PRIS OU CONDUITS EN RADE :

à moins de 6 milles au large...................	0 f.	200ᵐᵐ
à plus de 6 milles au large, prime à ajouter...	0	025
à plus de 12 milles au large, dᵒ ...	0	050
à l'O. du cap La Hague, dᵒ ...	0	075
dans les passes..........................	0	100
de la rade dans le port...................	0	100
en dedans des passes.....................	0	»

APPAREILLAGE ET CONDUITE :

du port en rade...........................	0	100ᵐᵐ
de la rade en dehors des passes.............	0	100
du port en dehors des passes *et vice versâ*.....	0	200

Tout pilote qui n'aborde un navire qu'en dedans des passes peut être refusé ; s'il est accepté, il a droit à 6 fr. pour un navire de 200 tonneaux et au-dessous ; 4 marées ou 12 fr. pour un navire de 200 à 400 tonneaux, et 6 marées ou 18 fr. pour les navires au-dessus de 400 tonneaux.

Les navires sur lest, à la sortie du port ou de la rade payent les 2/3 du tarif applicable aux navires chargés. Les navires en relâche payent à l'entrée la moitié du salaire principal et l'intégralité des primes, à la sortie ils payent le même prix que les navires sur lest.

Les navires à vapeur sont considérés comme chargés et ne payent que la moitié du prix du pilotage. Ils payent d'ailleurs l'intégralité des primes pour les distances.

Pilote appelé en rade avec un canot, 9 fr. de gratification ; envoyé au stationnaire, 3 fr. par voyage ;

Pilote retenu en quarantaine à l'île de Tatihou, 10 fr. par 24 heures et la ration, plus les frais de conduite, si le navire n'entre pas à Cherbourg.

Bateaux d'aide, 9 fr. par corvée ;

Indemnités diverses aux pilotes. — Séjour à bord sur rade, 3 fr. par jour et 3 fr. par nuit, avec la ration.

Changement de place d'un navire, 6 fr. ; s'il est fait usage d'un canot, 12 fr.

Halage. — Depuis le port jusqu'au bout de la jetée de l'Est, 60 centimes par homme ; à l'entrée, 50 centimes ; loyer de la drôme, 1 fr. ; plus, au maître haleur, 10 p. 0/0 des salaires des haleurs réunis.

LA DÉROUTE. — *Pilotage.* — Limites de la station, le *cap La Hague* et *Saint-Germain-sur-Ay*.

Tarif. — Passage de la Déroûte (depuis Omonville-la-Grande jusqu'à Granville) et conduite de retour.

Navires de 50 tonneaux et au-dessous.........	57 f. 50
— 51 à 100......................	69 »
— 101 à 150......................	80 50
— 151 à 200......................	92 »
— 201 à 300......................	103 50
— 301 à 350......................	115 »
Au-dessus de 350, augmentation par 50 tonn.	11 50

Les vapeurs payent moitié des salaires indiqués.

Ports d'Omonville et de Diélette. — Entrée, 12 centimes par tonneau ; moitié pour les navires sur lest. — Sortie, navires chargés, 12 c. par tonneau ; sur lest, 8 c.

Pilote retenu en quarantaine. — 6 fr. par 24 heures et la ration ; *retenu à bord*, en libre pratique, 3 fr. par jour et 3 fr. par nuit.

PILOTAGE.

2ᵉ ARRONDISSEMENT MARITIME.

Dispositions communes à toutes les stations.

Pour appeler les pilotes pendant le jour, les navires arborent en tête du mât de misaine, un pavillon blanc bordé de b'eu, ou, à défaut, leur pavillon national ; pendant la nuit, ils hissent un feu en sus du feu réglementaire prescrit par le décret du 17 août 1852.

Les frais de pilotage sont dus au pilote appelé à bord, qu'il ait été reçu ou non.

Tout capitaine d'un bâtiment non soumis au pilotage, qui a hissé le signal d'appel, est tenu de le maintenir jusqu'à l'arrivée du pilote.

Le pilote doit déterminer, autant que possible, le point où le navire a été abordé ou quitté, afin de prévenir toute contestation. Les relèvements doivent être consignés par écrit.

Pilote retenu à l'avance. — 4 fr. par jour.

Pilote retenu à bord. — Plus de 12 heures, par force majeure ou autre cause, 4 fr. par jour, ou, s'il est congédié, 2 fr. de conduite par myriamètre, en sus du pilotage.

Le pilote, contraint par force majeure de rentrer un navire sortant, ne reçoit que demi-pilotage.

Tout bâtiment à vapeur ou mixte naviguant à la vapeur, ou simultanément à la voile et à la vapeur, paye moitié du pilotage fixé pour un navire à voiles du même tonnage.

En cas de remorquage d'un navire à voiles par un vapeur ou un autre bâtiment, le pilote est payé d'après le tirant d'eau du plus grand navire, considéré, en tout cas, comme bâtiment à voiles ; s'il y a un pilote à bord de chaque navire, et si le bâtiment remorqué est le plus grand, le droit de pilotage pour chacun des pilotes est établi d'après le tonnage de ce dernier ; si le bâtiment remorqué est le plus petit, chaque pilote est payé d'après le tirant d'eau du bâtiment qu'il monte.

Le capitaine d'un navire, non astreint à l'obligation de prendre un pilote, paye au lamaneur ou au pratique, s'il l'emploie, 10 centimes par tonneau de jauge pour la 1re distance et 5 centimes pour chacune des autres, à moins de disposition contraire insérée dans les règlements locaux.

Chaloupes et bateaux d'aide. — Tarif du loyer :

	Chaloupe du pilote.	Bateau d'aide.
Embarcation.	5 f. »	3 f. »
Pilote ou aspirant, patron.	5 »	3 »
Matelot ou aspirant.	3 »	2 50
Novice.	1 50	1 50
Mousse.	1 »	1 »

Ces prix sont augmentés de moitié, si la chaloupe est employée pendant la nuit seulement, et doublés, si la chaloupe reste en réquisition pendant 24 heures.

GRANVILLE. — *Pilotage.* — Les salaires des pilotes se règlent, pour l'entrée et la sortie de *Granville* et de *Régneville*, d'après la distance parcourue depuis le moment où le pilote est monté à bord, savoir :

	DISTANCES.		
	1re	2e	3e
	fr. c.	fr. c.	fr. c.
Navires au-dessous de 80 tonneaux	8 »	10 »	12 »
— de 80 à 99 —	12 »	14 50	17 25
— de 100 à 149 —	14 »	17 50	21 »
— de 150 à 199 —	17 »	21 25	25 50
— de 200 à 249 —	21 »	26 25	31 50
— de 250 à 299 —	24 »	30 »	36 »
— de 300 à 349 —	27 50	34 »	41 25
— de 350 à 399 —	34 50	43 »	51 75
De 400 et au-dessus, par chaque tonneau d'augmentation	0 05	0 062	0 075

Le pilotage du *cap Fréhel* à la 3me distance est facultatif ; quand il a lieu, il se paye à raison de 10 centimes par tonneau de jauge. Les navires entrants sont obligés de recevoir les pilotes, s'ils se présentent à la 3e distance ; à la sortie, ils peuvent les renvoyer à la 1re distance.

Le pilote arrêté à l'avance a droit à 4 fr. par marée.

Le pilote, qui ne prend le navire qu'en dedans de la 1re distance, n'a droit qu'aux 2/3 du pilotage fixé ; il en est de même des pilotes qui ne prennent les navires que lorsque le *mont Saint-Michel* est caché par la *pointe de Champeaux.*

Saint-Malo. — *Pilotage.* —

STATION DU CANCALE ET DU VIVIER.

	NAVIRES. pris dans la direction DU MOULIN DU HAUT-BOUT, ouvert.	
	A gauche de la pointe du Grouin.	A droite de la pointe du Grouin.
Tarif de pilotage (Pour l'entrée comme pour la sortie) :	fr. c.	fr. c.
Au dessous de 100 tonneaux......................	8 65	17 25
— 100 à 149 tonneaux.............	10 35	20 70
— 150 à 199 —	13 25	24 15
— 200 à 249 —	15 80	27 60
— 250 à 299 —	18 25	34 50
— 300 à 349 —	20 70	41 40
De 550 tonneaux et plus, augmentation par tonn..	» 03	» 03

Les navires, qui se rendent à Cancale ou qui en sortent, ne peuvent refuser les pilotes de cette station, à moins qu'ils n'aient à bord un pilote de Granville. Ceux qui ne font que louvoyer dans la baie, sans y mouiller, sont exempts des droits de pilotage.

Station de Saint Servan. — Tarif de pilotage pour la conduite et l'entrée des navires à *Saint-Malo* et à *Saint-Servan :*

Navires de 80 tonneaux et au-dessous, suivant la distance (1) à laquelle ils ont été pris, 5 c., 15 c. ou 20 c. par tonneau. Prime de 3 c. par tonneau au pilote qui prend un navire au large du *cap Fréhel*, *l'Amas du cap ouvert du cap*.

Les droits de pilotage sont augmentés de 3 p. 0/0, pour le pilote major.

Le pilotage de l'avant-port de Saint-Malo et le mouillage en rade, avant l'entrée ou après la sortie, se payent 6 fr.

Conduite d'un navire. — De Saint-Malo et de Trichet à Belle-Grève et Troctin, 10 c. par tonneau ; au Montmarin, 12 c. par tonneau ; de Solidor ou de la Grande-Rade, aux mêmes points, 7 c. ou 9 c. par tonneau.

Saint-Brieuc. — *Pilotage.*

Station de Saint-Cast. — Cette station est divisée en deux distances : 1re distance, le travers du *cap Fréhel*; *l'Amas du cap ouvert du cap;* 2e distance, ligne allant du *cap d'Erquy* au *Grand-Léjon.*

Conduite d'un navire dans l'un des ports de la baie de *Frenay*, dans celui de *Saint-Cast* ou de *Guildo* :

1re distance : navires de 100 tonneaux et au-dessus, 12 fr. ; au-dessous de 100 tonneaux, 8 fr.

2e distance : navires de 100 tonneaux et plus, 14 fr. ; au-dessous, 10 fr.

De la limite O. du pilotage (2e distance), au *cap Fréhel*, la prime de pilotage est fixée à 5 c. par tonneau.

Stations de Portrieux, du Légué et de Dahouet. — Cette station est divisée en 3 distances, savoir :

---

(1) La station de St-Servan est, comme celle de Granville divisée en distances, savoir: *les passes de la Bigne, des Petits Pointus, de la Grande Conchée* et de la *Petite Conchée,* en trois distances; la *Grande Passe* et *la Petite Porte* en trois distances ; il en est de même du *Passage du Décollé.*

1ʳᵉ distance : de la pierre la *Madin* ou du travers du *Dahouet* en rade ;

2ᵉ distance : du rocher *la Mauve* ou du *Rohin* en rade ;

3ᵉ distance : de la pointe du *Minar* en rade.

TARIF DE SAINT-BRIEUC. Entrée et sortie dans toutes les saisons.	DISTANCES A la rade des îles St-Quay et *vice versâ.*			Ds la rade des îles Saint-Quay	
	1ʳᵉ	2ᵉ	3ᵉ	à Binic, Portrieux ou la pointe de Roselier.	à Dahouet ou à Erquy.
	fr. c.	fr. c.	fr. c.	fr. c.	fr. c.
Navires au dessous de 80 tonˣ	7 »	9 »	12 »	7 »	13 »
— de 80 à 99 tonnˣ ..	8 »	10 »	13 »	8 »	11 »
— de 100 à 149 — ...	9 »	12 »	15 »	9 »	15 »
— de 150 à 199 — ...	10 »	13 »	16 »	10 »	16 »
— de 200 à 249 — ...	12 »	15 »	18 »	12 »	18 »
— de 250 et plus.......	15 »	18 »	21 »	15 »	21 »

Si le navire entre directement, sans mouiller sur rade, le pilotage est payé comme suit :

De la 1ʳᵉ distance, à *Portrieux*, *Binic* ou *le Roselier*, 14, 16, 18, 20, 24 ou 30 fr., suivant le tonnage ; à *Dahouet* ou *Erquy*, 20, 22, 24, 26, 30 ou 36 fr.

De la 2ᵉ distance, à *Portrieux*, *Binic* ou le *Roselier*, 16, 18, 21, 23, 27 ou 33 fr. ; à *Dahouet* ou à *Erquy*, 22, 24, 27, 29, 33 ou 39 fr., suivant le tonnage ; pour les navires venant de l'Est, 8, 9, 10, 11, 12 ou 13 fr.

De la 3ᵉ distance, à *Portrieux*, *Binic* ou le *Roselier*, 19, 21, 24, 26 30 et 36 fr. ; à *Dahouet*, ou à *Erquy*, 25, 27, 30, 32, 36 ou 42 fr. ; à *Dahouet*, pour les navires venant de l'Est, 16, 18, 19, 21 ou 24 fr. ; à *Erquy*, pour les navires venant de l'Est, s'ils sont pris dans l'*Est des Comtesses*, 6 fr., quel que soit le tonnage.

Tarif du Légué. — De la *pointe du Roselier* à *Dahouet* ou *Erquy* et *vice versâ*, 6 fr. par navire.

De la *pointe du Roselier* au mouillage sous *la Tour* ou de ce dernier endroit *au Légué*.

Navires de moins de 80 tonneaux, 2 fr. 50 ; de 80 à 99 tonneaux , 3 fr. ; de 100 à 149, 3 fr. 50 ; de 150 à 199, 4 fr. ; de 200 à 249, 4 fr. 50 ; de 250 et au-dessus, 5 fr.

Tout navire, allant d'un port à un autre, de la baie de Saint-Brieuc, doit, dans tous les cas, le pilotage d'entrée et celui de sortie.

PAIMPOL. — *Pilotage.* — Règlement et tarifs.

Paimpol. — 1° Bâtiments venant d'en dehors des dangers par le N., en rade ou baie de *Paimpol*, ou rade de *Bréhat* ou de *Mélus ;* du S.-E. de la *Pointe de Minar*, en rade de *Paimpol* ou de *Bréhat* : Au-dessous de 80 tonneaux, 12 f. ; de 80 à 99 tonneaux, 15 f. ; de 100 à 149 tonneaux, 18 f. ; de 150 à 199 tonneaux, 21 f. ; de 200 à 249 tonneaux, 24 f. ; de 250 tonnéaux et au-dessus, 27 f. ;

2° De la rade de *Paimpol* dans le port et *vice versâ* : 7, 8, 9, 10, 12 ou 15 f., suivant le tonnage ;

3° De la rade de *Paimpol* à celle de *Bréhat*, de la rade de *Bréhat* à celle de *Mélus :* 9 f. 50, 11 f. 50, 13 f. 50, 15, 18 et 21 f., suivant le tonnage ;

4° Du chenal de *Bréhat*, en dehors des dangers, à la *Pointe de Minar* et *vice versâ :* 10, 12, 15, 18, 21 ou 24 f. ;

5° Du S.-E. de la *Pointe de Minar* en rade de *Mélus :* 21, 26 f. 50 ; 31 f. 50 ; 36 f. 50 ; 42 et 48 f., suivant le tonnage.

Changement de mouillage dans l'une des baies de Paimpol : 0 f. 03 par tonneau, sans que cette indemnité puisse être inférieure à 5 f. ou supérieure à 8 f. — Quand les pilotes prennent les navires dans l'O. d'une ligne passant par le *Rocher de la Clarté* et par l'*île Bougie*, il leur est payé 1/3 en sus du pilotage.

Il en est de même pour les pilotes qui prennent les navires dans le N. du rocher le plus élevé du plateau de *Barnonic.*

Bâtiments en passage, non destinés pour le port :

Passage entre la *Horaine* et les *Héaux* d'un côté, et les *Roches Douvres* de l'autre, 0 f. 05 par tonneau.
Des *Héaux*, par le travers du *cap Fréhel*, 0 f. 10.

Pontrieux.—De *Mélus* à *Lézardrieux*, par tonneau, 0 f. 10
De *Lézardrieux* à *Pontrieux*, — 0 20

Port-Blanc et *Tréguier*.—Entrée et sortie en toute saison :
D'en dehors les dangers à la rade de la *Roche-Jaune*, 0 f. 18 par tonneau.
De la *Roche-Jaune* au quai, par tonneau, 0 f. 08.
Port-Blanc (entrée et sortie), par tonneau, 0 f. 18.

MORLAIX. — *Pilotage.*

Tarif et règlement :

ENTRÉE ET SORTIE DANS TOUTES LES SAISONS.

		par tonneau.
		fr. c.
1	De la mer à Corréjou, et réciproquement.................	0 27
2	De Corréjou à l'île de Bas ou à Roscoff.................	0 42
3	De la mer au Kernic ou à Kersaint, et réciproquement...	0 21
4	De Kernic ou de Kersaint à l'île de Bas ou à Roscoff, et réciproquement	0 27
5	De la mer à Pontusval, et réciproquement..............	0 27
6	De Pontusval à l'île de Bas ou à Roscoff, et réciproquement	0 36
7	De la mer, en dehors des dangers, à l'île de Bas, et réciproquement	0 21
8	D'en dedans des Lavandières par la passe de l'Ouest, ou du Piguet pour la passe de l'Est à l'île de Bas.........	0 12
9	De la mer, en dehors des dangers, à Roscoff, et réciproquement	0 27
10	D'en dedans des Lavandières pour la passe de l'Ouest, ou du Piguet pour la passe de l'Est à Roscoff	0 15
11	Si, pour attendre la marée, ou pour toute autre circonstance de force majeure, le pilote était forcé de mouiller en rade de l'île de Bas, l'allocation de pilotage serait de	0 27
12	De la rade ou port de l'île de Bas à Roscoff, et réciproquement..	0 15
13	De la mer, en dehors des dangers, à Penpoull de Léon, et réciproquement	0 27

		par tonneau.	
		fr.	c.
14	D'en dedans de la ligne, passant par les roches Duon et Piguet, à Penpoull de Léon, et réciproquement........	0	15
15	De la mer, en dehors des dangers, au bas de la rivière de Penzès, et réciproquement.........	0	27
16	D'en dedans de la ligne, passant par Duon et Piguet, au bas de la rivière de Penzès...........................	0	15
17	Du bas de la rivière de Penzès au port de Penzès, et réciproquement....................................	0	17
18	De Penpoull de Léon au bas de la rivière de Penzès, et réciproquement....................................	0	06
19	De Penpoull de Léon ou du bas de la rivière de Penzès à la rade de Morlaix, ou à celle de l'île de Bas, ou au port de Roscoff, et réciproquement	0	27
20	De la mer, en dehors des Trépieds et de la Méloine, ou de l'île de Bas à la rade de Morlaix, et réciproquement.	0	27
21	D'en dedans de la ligne, passant par Duon et les roches Jaunes, à la rade de Morlaix, et réciproquement.......	0	15
22	De la rade au port de Morlaix, et réciproquement	0	15
23	De la rade de Morlaix à l'île de Bas, à Roscoff ou à Locquirec et Toulanhery, et réciproquement...............	0	27
24	De la mer, en dehors de la ligne passant par les Trépieds et la Méloine, à Locquirec et Toulanhery, et réciproquement....................................	0	27
25	D'en dedans de cette même ligne à Locquirec et Toulanhery, et réciproquement....................................	0	15
26	De l'île de Bas ou de Roscoff à Locquirec et Toulanhery, et réciproquement....................................	0	27
27	De la mer, en dehors de la ligne passant par les Trépieds et la Méloine, à la rade de Guiodel, et réciproquement...	0	27
28	D'en dedans de cette même ligne à Guiodel	0	21
29	De Guiodel au quai de Lannion, et réciproquement	0	15
30	De la rade de Morlaix, de l'île de Bas ou de Roscoff à Guiodel...	0	36
31	De Locquirec à Toulanhery, à Guiodel, et réciproquement.	0	21
32	De la mer, en dehors de l'île Tomé et des passes des Sept-Iles, à la rade de Perros, et réciproquement..........	0	21
33	De l'île Tomé à la rade de Perros.....................	0	12
34	De Perros à Roscoff ou à l'île de Bas, et réciproquement.	0	42
35	De Perros à la rade de Morlaix, et réciproquement	0	42
36	Si le capitaine, après une marée de séjour en rade de Perros, veut faire entrer son navire dans le port, il payera pour ce mouvement	0	06
37	Si, en sortant du port de Perros, il mouille sur la rade avant de prendre la mer, il payera pour ce mouvement.	0	06

Les prix portés au tarif sont applicables à tout navire chargé, qu'il ait ou qu'il n'ait pas fait escale.

Ces prix sont réduits d'un tiers si les bâtiments sont sur lest. Tout navire au-dessous de 30 tonneaux paye comme s'il était de ce tonnage.

Halage. — Du bas de la rivière à *Morlaix* et *vice versâ* : par homme, 1 f. 50; par maître haleur, 2 f. ; plus, pour la drôme, 1 f. 50.

Brest. — *Pilotage.* — Tarif et règlement.

De l'Aberwrach à la rade de Brest : Navires de 80 tonneaux et au-dessous, 50 f. ; de 81 à 100 tonneaux, 55 f. ; de 101 à 120 tonneaux, 60 f. ; de 121 à 140 tonneaux, 65 f. ; de 141 à 160 tonneaux, 70 f. ; de 161 à 180 tonneaux, 75 f. ; de 181 à 200 tonneaux, 80 f. ; de 201 à 220 tonneaux, 84 f.; ensuite 4 f. par augmentation de 20 tonneaux.

De la rade à l'Aberwrach : 41 f., 45 f., 49 f., 53 f., 57 f., 61 f. ou 65 f., suivant le tonnage, jusqu'à 200 tonneaux ; au delà, 3 f. par augmentation de 20 tonneaux.

De Porsal à la rade : 40, 45, 50, 55, 60, 65 et 70 f., suivant le tonnage, jusqu'à 200 tonneaux ; au delà, augmentation de 4 f. par 20 tonneaux.

De la rade à Porsal : 32, 36, 40, 44, 48, 52 ou 56 f., suivant le tonnage, jusqu'à 200 tonneaux ; au delà, 3 f. par augmentation de 20 tonneaux.

De Ouessant, par le Four, et du Four à la rade : 36, 41, 46, 51, 56, 61 ou 66 f., suivant le tonnage, jusqu'à 200 tonneaux ; au delà, 4 f. d'augmentation par 20 tonneaux.

De la rade de Brest à Ouessant, par le Four, ou au Four : 30, 34, 38, 42, 46, 50 ou 54 f., suivant le tonnage, jusqu'à 200 tonneaux ; au delà, 3 f. par augmentation de 20 tonneaux.

De Laber-il-dut à la rade : 32, 36, 40, 44, 48, 52 ou 56 f., suivant le tonnage, jusqu'à 200 tonneaux ; au delà, 3 f. par augmentation de 20 tonneaux.

De la rade à Laber-il-dut : 7 f. de moins par bâtiment.

D'Ouessant à la rade, par l'Iroise : 34, 38, 42, 46, 50,

54 ou 58 f., suivant le tonnage, jusqu'à 200 tonneaux ; au delà, augmentation de 2 f. 50 par 20 tonneaux de supplément.

De la rade à Ouessant, par l'Iroise : 27, 30, 33, 36, 39, 42 ou 45 f., suivant le tonnage, jusqu'à 200 tonneaux ; au delà, 2 f. par augmentation de 20 tonneaux.

De Molène à la rade, par l'Iroise : 26, 29, 32, 35, 37, 41 ou 44 f., suivant le tonnage, jusqu'à 200 tonneaux ; au delà, 2 f. 50 par augmentation de 20 tonneaux.

De la rade à Molène, par l'Iroise : 22 f., 24 f. 50, 27 f., 29 f. 50, 32 f., 34 f. 50 ou 37 f., jusqu'à 200 tonneaux ; au delà, 2 f. par 20 tonneaux d'augmentation.

De Molène à la rade, par le Four : 28 f., 32 f. 50, 37 f., 41 f. 50, 46 f., 50 f. 50 et 55 f., jusqu'à 200 tonneaux ; au delà, 3 f. par augmentation de 20 tonneaux.

De la rade à Molène, par le Four : 24 f., 27 f. 50, 31 f., 34 f. 50, 38 f., 41 f. 50 ou 44 f., jusqu'à 200 tonneaux ; au delà, 2 f. 50 par augmentation de 20 tonneaux.

Du Raz ou d'Audierne à la rade : 34, 39, 44, 49, 54, 59 ou 64 f., jusqu'à 200 tonneaux ; au delà, 3 f. par augmentation de 20 tonneaux.

De la rade au Raz ou à Audierne : 27, 31, 35, 39, 43, 47 ou 51 f., jusqu'à 200 tonneaux ; au delà, 2 f. 50 par augmentation de 20 tonneaux.

Du Conquet à la rade de Brest : 22 f., 24 f. 50, 27 f., 29 f. 50, 32 f., 34 f. 50 ou 37 f., jusqu'à 200 tonneaux ; au delà, 2 f. par augmentation de 20 tonneaux.

De la rade au Conquet : 20, 22, 24, 26, 28, 30 ou 32 f., jusqu'à 200 tonneaux ; au delà, 1 f. par augmentation de 20 tonneaux.

Du port ou de la rade de Camaret à la rade de Brest : 14 f., 16 f. 50, 19 f., 21 f. 50, 24 f., 26 f. 50 ou 29 f., suivant le tonnage, jusqu'à 200 tonneaux ; au delà, 1 f. d'augmentation par 20 tonneaux.

De la rade de Brest à Camaret : 11, 13, 15, 17, 19, 21 ou

23 f., suivant le tonnage, jusqu'à 200 tonneaux ; au delà, 1 .
par augmentation de 20 tonneaux.

Du Conquet à Camaret et *vice versâ* : 11 f., 12 f., 50 f., 14 f.,
15 f. 50, 17 f., 18 f. 50 et 20 f., jusqu'à 200 tonneaux ; au
delà, 1 f. par augmentation de 20 tonneaux.

Du Conquet et de *Camaret au Raz* et *vice versâ* : 19 f.,
21 f. 50, 24 f., 26 f. 50, 28 f., 30 f. 50 ou 33 f., jusqu'à
200 tonneaux ; au delà, 1 f. 50 par augmentation de 20 tonneaux.

Entrée ou sortie de Laberwrach : 80 tonneaux et au-
dessous, 8 f. ; au-dessus, 1 f. par augmentation de 20 tonneaux.

De Laberwrach à Kervilly : 80 tonneaux et au-dessous,
6 f. ; au-dessus, 1 f. par augmentation de 20 tonneaux.

Porsal, Argenton, Laber-il-dut (entrée et sortie), comme
à Laberwrach.

Entrée ou sortie du Conquet : 80 tonneaux et au-dessous,
6 f. ; au-dessus, 1 f. par augmentation de 20 tonneaux.

Entrée ou sortie de Molène : 1 f. de plus qu'au Conquet.—
Même augmentation après 200 tonneaux.

De la rade de Brest et *vice versâ :*

Au port : 5, 6, 7, 8, 9, 10 ou 11 f., suivant le tonnage
jusqu'à 200 tonneaux ; au delà, 50 centimes d'augmentation
par 20 tonneaux.

A Landerneau ou au Faou : 12, 15, 18, 21, 24, 27 ou
30 f., jusqu'à 200 tonneaux ; au delà, 1 f. par augmentation
de 20 tonneaux.

A l'Hôpital ou à Landevennec : 10, 12, 14, 16, 18, 20 ou
22 f., jusqu'à 200 tonneaux ; au delà, 1 f. par augmentation
de 20 tonneaux.

A Port-Launay : 18, 23, 28, 33, 38, 43 et 48 f., suivant
le tonnage, jusqu'à 200 tonneaux.

Quimper. — *Pilotage.*
Station de Douarnenez : 1° du mouillage de la rade
de Douarnenez à *Port-Rhus* et *vice versâ* .... 11 f.

2° Du mouillage à une ligne N. et S. tirée du *Cap-la-Chèvre* au *Château de Beuzec*................... 10 f.

3° De cette ligne au *Raz de Seins* 13

4°　　—　　　au *Conquet* ou à *Molène* 34

5°　　—　　　à *Camaret*................... 12

6°　　—　　　à *Brest*..................... 28

Station de l'île de Seins : 1° de l'île de Seins au *Conquet* ou à *Molène* 34

2° De l'île de Seins à *Camaret*............... 25

3°　　—　　　　à *Brest*.................... 71

4°　　—　　　　à *la Pointe de l'Ervilly* ou en dehors de *la Gamelle*..................... 22

5° De *la pointe de l'Ervilly* en rade d'*Audierne*... 5

6° De la rade au quai d'*Audierne*............ 11

7° *Passage du Raz de Seins*................. 10

Station d'Audierne : 1° d'*Audierne* à *Pont-Croix*.. 10

2° Du dehors de *la Gamelle* à *Kity-Penmarch* 29

Stations de Penmarch, Guilvinec et Lescovil :

1° Entrée ou sortie.................... 15

2° De l'un de ces points à l'*île Tudy* 20

3°　　—　　　　à l'entrée de *Bénodet* 27

4°　　—　　　—　　de *Concarneau*. 42

Station de l'île Tudy : 1° Entrée ou sortie........ 11

2° De l'île Tudy à *Pont-Labbé* et *vice versâ* 8

3°　　—　　　au *Verrès*.................. 6

4°　　—　　　à l'entrée de *Concarneau*........ 27

5°　　—　　　aux *Glénans* ou à 2 milles au large des dangers.............................. 27

Station de Quimper : 1° de *Bénodet* à *Quimper*... 14

2° De *Quimper* à *Bénodet*................. 17

CONCARNEAU. — *Pilotage.*

Les prix qui vont être indiqués sont augmentés d'un sixième

pour les bâtiments d'un tirant d'eau supérieur à 3 m. 25 c.

Entrée ou sortie	de Concarneau ..... des Glénaus........ de la Forêt......... de Saint-Laurent... de Portmaneck ..... du Pouldu	12 f. 60

De Concarneau	aux Glénans, ou à 2 milles des dangers. à l'entrée de Bénodet. — de l'île Tudy. à Penmarch........ à l'île Verte et à Portmaneck	26 f. 40

De la baie de Concarneau	à l'entrée de Bénodet. — de l'île Tudy.	18	»
	à la baie de la Forêt.	6	»
	à la petite rade de Concarneau	9	60
	Au Pouldu	18	»

Des Glénans	à l'entrée de Bénodet.	18	»
	— de l'île Tudy.	18	»
	à Penmarch........	26	40
Du Pouldu	à l'entrée de Bénodet.	39	60
	aux Glénans........	26	40
	à Penmarch........	26	40

De la petite rade ou de l'avant-port de Concarneau au mouillage derrière la ville... 3 f. »

Dans le bassin.. 2 75

PILOTAGE.

3e ARRONDISSEMENT MARITIME.

Dispositions communes à toutes les stations.

Le pilote employé à bord d'un bâtiment, ou retenu en quarantaine, reçoit 1 f. 50 par jour ou la ration ; plus, 4 f. de salaire proprement dit.

Le pilote congédié, avant d'avoir piloté le bâtiment, a droit à 2 f. de conduite par myriamètre jusqu'à la station.

Le pratique, pris en l'absence d'un pilote, est payé comme ce dernier ; il faut, d'ailleurs, qu'il ait fait arborer le signal de demande d'un pilote dès son arrivée à bord.

Si, du fait du capitaine, le pilote est obligé de rentrer un navire sortant, il a droit au pilotage d'entrée et de sortie depuis ou jusqu'à la distance atteinte. — Si la rentrée a lieu par force majeure, il ne touche que demi-pilotage.

Le pilote-major reçoit, à titre d'émoluments, 3 p. 0/0 sur

les droits de pilotage ; 2 p. 0/0 de cette rétribution sont supportés par le navire.

Les bateaux à vapeur, jaugeant 80 tonneaux et plus, sont soumis au pilotage comme les bâtiments à voiles.

En cas de remorquage d'un navire à voiles par un vapeur ou un autre bâtiment, le pilote est payé d'après le tirant d'eau du plus grand navire, considéré toujours comme bâtiment à voiles. — S'il y a un pilote à bord de chaque navire, et si le bâtiment remorqué est le plus grand, le droit de pilotage pour chacun des pilotes est établi d'après le tirant d'eau de ce dernier. Si le bâtiment remorqué est le plus petit, chaque pilote, à moins d'exception prévue dans les règlements locaux, est payé d'après le tirant d'eau du bâtiment qu'il monte.

LORIENT. — *Pilotage.*

TARIF ET RÈGLEMENT.

PAR MÈTRE DE TIRANT D'EAU.	À 2 milles de Groix.	Au mouillage de Groix.	À la rade de Larmor.	Port-Louis et Kernevel.	À Penne-maneck.	À Lorient port militaire.	À Gaudan	À St-Christophe	Au quai Marchand.
	f. c.	f. c.	f. c.	f. c.	f. c.	f. c.	f. c.	f. c.	f. c.
De Belle-Ile, des Glénans..	6 »	»	»	»	»	»	»	»	»
De 1 à 2 milles en dehors de Groix	»	4 30	5 20	6 50	7 90	8 80	9 70	11 50	10 30
Du mouillage de Groix.....	»	»	4 30	5 60	7 »	7 90	8 80	10 60	9 10
De la rade de Larmor......	»	»	»	2 70	4 15	5 05	6 »	7 80	6 30
Du port Louis et de Kernevel	»	»	»	»	3 »	4 20	5 05	6 85	5 40
De Pennemaneck..........	»	»	»	»	»	2 70	3 60	5 40	4 50
Du port militre de Lorient.	»	»	»	»	»	»	1 80	5 30	3 60
De Gaudan...............	»	»	»	»	»	»	»	1 80	4 10
De Saint-Christophe.......	»	»	»	»	»	»	»	»	5 10

Embarcations des pilotes, quand elles sont requises. — Par journée, 4 f. ; chaque matelot, 2 f. 50 ; mousse ou novice, 1 f. ; pilote montant la chaloupe, 4 f. — Moitié en sus, si la chaloupe est employée de nuit, et le double du prix ci-dessus si elle est occupée pendant vingt-quatre heures.

Indemnités diverses. — Le pilote de Groix, qui aborde un navire *à 5 milles de la côte de Groix*, reçoit, à titre de prime, une somme équivalente au tiers du prix de pilotage de la première station parcourue. — Si c'est à une distance de l'île égale à *celle de Groix à Belle-Ile ou aux Glénans,* il est payé à raison de 6 f. par mètre de calaison.

Il en est de même des pilotes de Port-Louis et de Lorient dans des circonstances analogues.

Stations de Port-Louis et de Lorient. — Loyer d'embarcation pour une journée, 3 f. ; chaque homme, 2 f. ; navire ou mousse, 1 f. Chacun des travailleurs reçoit la ration. — Ces prix sont augmentés de moitié si l'embarcation est employée pendant une nuit, et doublés si elle l'est pendant vingt-quatre heures.

Le pilotage au moyen du mât-pilote de Port-Louis ne donne lieu à aucune rétribution de la part des bâtiments pilotés.

VANNES et AURAY. — *Pilotage.*

TARIF PAR MÈTRE DE CALAISON.	A Pénerf ou à Port-Navalo.	A la Trinité en Crac'h.	A la baie de Quiberon.	A Locmariaquer.	A Auray, Goulo ou Mt-Sarrat.	A Vannes.
	f.	f. c.	f. c.	f. c.	f. c.	f. c.
Des ports Haliguen, Orange et du Pô-en-Camac..............	6 50	4 10	3 60	7 20	8 »	9 60
De 1 à 2 milles en dehors de la baie de Quiberon..........	6 50	4 10	3 60	7 20	8 »	9 60
De la Trinité en Crac'h........	8 40	»	3 60	8 40	13 20	9 60
De la baie de Quiberon........	5 40	3 60	»	6 60	8 40	10 80
De Port-Navalo (1)...........	8 40	8 40	5 40	3 60	6 »	8 40
De Locmariaquer (1)...........	3 60	8 40	6 60	»	6 »	8 40
De Pénerf....................	»	»	»	»	»	9 60

(1) Le pilote de *Port-Navalo* ou de *Locmariaquer,* qui se présente à bord d'un navire, en dedans des limites de la station, ne reçoit que la moitié du pilotage de la *baie de Quiberon* à *Port-Navalo.*

De Belle-Ile aux points désignés ci-dessus, le prix du pilotage est augmenté de moitié. (Voir *Belle-Ile.*)

Quand les embarcations des pilotes sont requises par le bâtiment piloté, elles sont payées comme suit :

Par journée : l'embarcation, 2 f. ; chaque homme, 1 f. 50 ; novice ou mousse, 1 f. Chacun des travailleurs a droit à la ration.

Ces prix sont augmentés de moitié, si le travail a lieu pendant la nuit, et doublés, si la chaloupe est requise pendant vingt-quatre heures.

Voir pour *Concarneau* et les environs, le tarif de Quimper (2ᵉ arrondissement).

BELLE-ILE. — *Pilotage.*

Entrée de l'un des ports de l'Ile (*Goulfar, Locmaria, Palais, Sauzon*) : Navires venant du large, 7 f. par mètre ; du mouillage, 3 f.

Sortie de l'un des ports ou des mouillages de l'île , 3 f. par mètre de calaison.

Du large de l'Ile à l'un des mouillages ou d'un mouillage de l'Ile à un autre, 4 f. par mètre de tirant d'eau.

Du large ou de Belle-Ile à l'île de Groix, 6 f. par mètre.

Du large ou de Belle-Ile à la station du Pouldu ou de Concarneau, 9 f. par mètre de tirant d'eau.

Du large ou de Belle-Ile à l'un des mouillages des quartiers de Vannes et d'Auray. (Voir à l'article de ces deux ports.)

LE CROISIC. — *Pilotage.* — Le prix du pilotage du *Four* au *Croisic*, et *vice versâ*, est fixé à 7 f. 50 par mètre de calaison. Ce prix est de 9 f. 25 par mètre pour le pilotage d'*Hœdic* ou du *Morbihan* au *Croisic*.

SAINT-NAZAIRE. — *Pilotage de la Loire.* — Est tenu de prendre un pilote pour aller de Saint-Nazaire à Paimbœuf, et réciproquement, tout navire tirant plus de 2 m. 30 d'eau, quel que soit son tonnage.

SORTIE DE LA LOIRE.	DE PAIMBŒUF			
	à Saint-Nazaire et *vice versâ*	aux Charpentiers.	au pilier du Four ou à l'entrée de la Loire.	à l'Ile d'Yeu.
	fr. c.	fr. c.	fr. c.	fr. c.
Navires calant 2ᵐ20 et au-dessous..	9 77	19 55	27 32	50 54
— 2 40...............	10 65	21 30	29 78	55 08
— 2 60...............	11 52	23 05	32 26	59 63
— 2 80...............	12 40	24 79	34 73	64 17
— 3 »...............	13 27	26 54	37 20	68 71
— 3 40...............	15 33	30 66	42 77	79 »
— 3 80...............	17 81	35 63	49 09	89 98
— 4 40...............	21 67	43 33	58 91	105 62
— 5 »...............	26 98	53 96	71 64	124 73
— 6 »...............	37 86	75 72	96 65	162 17
— 6 40...............	43 12	86 25	109 25	178 25

ENTRÉE DE LA LOIRE.	de Belle-Ile au Four ou au Pilier.	du Pilier ou du Nord du Four aux Charpentiers	des Charpentiers à St-Nazaire.
	fr. c.	fr. c.	fr. c.
Navires calant 2ᵐ20...............	34 45	9 31	7 45
— 2 40...............	37 64	10 18	8 41
— 2 60...............	40 80	11 07	8 76
— 2 80...............	44 01	11 93	9 42
— 3 »...............	47 18	12 79	10 08
— 3 40...............	53 55	14 52	11 70
— 3 80...............	59 84	16 16	13 77
— 4 40...............	69 33	18 70	17 »
— 5 »...............	78 81	21 22	21 68
— 6 »...............	94 39	25 12	31 58
— 6 40...............	101 31	27 60	36 22

Il est établi à la *Pointe de l'Ève* un mât-pilote, dont le servicé est fait par les pilotes de la station. Le pilotage opéré par ce moyen ne donne lieu à aucune rétribution.

Station du Pouliguen. — Le prix du pilotage du *Four* au *Pouliguen*, et *vice versâ*, est fixé à 8 f. par mètre de calaison. — Ce prix est de 10 f. pour le pilotage d'*Hœdic* ou du *Morbihan* au *Pouliguen*.

REDON ET TRÉHIGUIER. — *Pilotage de la Vilaine.* — Les bâtiments, quel que soit leur tonnage, d'un tirant d'eau de $2^m,60$ et au-dessus sont tenus de prendre un pilote de la Vilaine, tant pour monter que pour descendre, de l'embouchure de la rivière à Redon et *vice versâ*. L'embouchure de la Vilaine est déterminée par une ligne allant de *K/voguel* à la *Pointe du Halguen*.

PILOTAGE INTÉRIEUR.

Les navires au-dessous de 80 tonneaux payent d'après leur tirant d'eau :

N° 1. *De Redon à Tréhiguier et vice versâ.*—Tirant d'eau, $2^m,20$, 15 fr. 64 c. ; $2^m,40$, 17 fr. 40 c. ; $2^m,60$, 19 fr. 16 c. ; $2^m,80$, 20 fr. 92 c. ; 3^m, 22 fr. 68 c., et ainsi de suite ; 1 fr. 76 c. par 20 centimètres d'augmentation.

N° 2. *De Redon à Rieux et de Tréhiguier à la Roche-Bernard.* — Pour $2^m,20$ de tirant d'eau, 6 fr. 9 c. ; au-dessus, 40 centimes par augmentation de 20 centimètres.

N° 3. *De Redon au Passage-Neuf et de Tréhiguier à Folleux.* — Pour $2^m,20$ de tirant d'eau, 7 fr. 82 c. ; au-dessus, 88 centimes par augmentation de 20 centimètres.

N° 4. *De Redon à Folleux et de Tréhiguier au Passage.*—Pour $2^m,20$ de tirant d'eau, 11 fr. 27 c. ; au-dessus, 1 fr. 45 c. par augmentation de 20 centimètres.

N° 5. *De Redon à la Roche-Bernard et de Tréhiguier à Rieux.* — Pour $2^m,90$ de tirant d'eau, 12 fr. 65 c. ; au-dessus, 1 fr. 53 c. par augmentation de 20 centimètres.

Les mêmes distances sont payées comme suit par les navires jaugeant 80 tonneaux et plus, savoir :

N° 1. Navires de 80 à 90 tonneaux, 26 fr. 22 c. ; au-dessus de ce tonnage, 1 fr. 38 c. par augmentation de 10 tonneaux.

N° 2. Navires de 80 à 90 tonneaux, 8 fr. 51 c. ; de 91 à 100 tonneaux, 10 fr. 35 c. ; au-dessus de 100 tonneaux, 69 c. par augmentation de 10 tonneaux.

N° 3. Navires de 80 à 90 tonneaux, 13 fr. 11 c. ; au-dessus, 69 c. par dix tonneaux d'augmentation.

N° 4. Navires de 80 à 90 tonneaux, 20 fr. 1 c. ; au-dessus de ce tonnage, 69 c. par 10 tonneaux d'augmentation.

N° 5. Navires de 80 à 90 tonneaux, 21 fr. 85 c. ; au-dessus, 1 fr. 15 c. par 10 tonneaux d'augmentation.

PILOTAGE EXTÉRIEUR.

De Belle-Ile à l'Ile-du-Met. — Navire calant $1^m,60$, 19 fr. 89 c. ; $1^m,80$, 22 fr. 42 c., et ainsi de suite, en ajoutant 2 fr. 53 c. par 20 centimètres d'augmentation.

De l'Ile-du-Met à Tréhiguier. — Navires calant $1^m,60$, 12 fr. 76 c. ; $1^m,80$, 14 fr. 34 c. ; 2^m, 15 fr. 94 c. ; $2^m,40$, 19 fr. 14 ; 3^m, 23 fr. 93 c. ; $3^m,40$, 27 fr. 44 c. ; 4^m, 33 fr. 20 c. ; 5^m, 44 fr. 67 c. ; 6^m, 58 fr, 79 ; $6^m,40$, 66 fr. 12 c.

PAIMBŒUF. — *Pilotage extérieur de la Loire.* (Voir *Saint-Nazaire à Nantes.*)

Baie de Bourgneuf. — Conduite des navires :

1° *De Paimbœuf à l'entrée de la Loire, ou du Pilier à Bourgneuf, Bouin, Beauvoir, ou à Fromentine, ou de Pornic à Beauvoir, ou à Fromentine.*

Pour $2^m,20$ de calaison, 27 fr. 32 c. ; $2^m,40$, 29 fr. 78 c. ; $2^m,60$, 32 fr. 26 c. ; $2^m,80$, 34 fr. 73 c. ; 3^m, 37 fr. 20 ; 4^m, 52 fr. 26 c. ; 5^m, 71 fr. 64 c. ; 6^m, 96 fr. 65 c. ; $6^m,40$, 109 fr. 25 c.

2° *De Saint-Nazaire à l'entrée de la baie,* ou *de l'entrée de la baie ou du Pilier à Pornic.* — Pour 2^m,20 de calaison, 17 fr. 54 c.; 2^m,40, 19 fr. 14 c.; 2^m,60, 20 fr. 73 c.; 2^m,80, 22 fr. 33 c.; 3^m, 23 fr. 93 c.; 3^m,40, 27 fr. 44 c.; 4^m, 33 fr. 20 c.; 4^m,40, 37 fr. 25 c.; 5^m, 44 fr. 66 c.; 5^m,40, 49 fr. 71 c.; 6^m, 58 fr. 79 c.; 6^m,40, 66 fr. 12 c.

3° *De Pornic à Bourgneuf, Bouin* ou *le Bois-la-Chaise.* — Même tarif que pour le trajet de Paimbœuf à Saint-Nazaire). (*V.* à l'article de cette dernière station.)

Nantes. — *Pilotage.* — Navires jaugeant moins de 80 tonneaux, suivant la distance (1) :

1° *De Nantes à Paimbœuf,* et *vice versâ.* — Pour 2^m,20 de calaison, 15 fr. 47 c.; 2^m,40, 17 fr. 59 c.; 2^m,60, 19 fr. 72 c.; 2^m,80, 23 fr. 23 c.; 8^m, 27 fr. 2 c.; 3^m,20, 31 fr. 28 c.

2° *De Nantes à la Basse-Indre,* et *vice versâ.* — Pour les tirants d'eau indiqués au n° 1, 6 fr. 4 c., 7 fr. 7 c., 8 fr. 16 c., 9 fr. 31 c., 11 fr. 21, 13 fr. 34 c.

3° *De Nantes à Couëron* et *de Paimbœuf au Pellerin,* et *vice versâ.* — Suivant le tirant d'eau, 7 fr. 70 c., 8 fr. 80 c., 9 fr. 89 c., 11 fr. 61 c., 13 fr. 51 c., et 15 fr. 64 c.

4° *De Nantes au Pellerin* et *de Paimbœuf à Couëron,* et *vice versâ.* — Suivant le tirant d'eau, 9 fr. 43 c., 10 fr. 52 c., 11 fr. 56 c., 13 fr. 91 c., 15 fr. 81 c., et 17 fr. 94 c.

5° *De Paimbœuf à la Basse-Indre,* et *vice versâ.* — Suivant le tirant d'eau, 11 fr. 15 c., 12 fr. 25 c., 13 fr. 91 c., 16 fr. 21 c., 18 fr. 11 c., et 20 fr. 24 c.

Les mêmes distances parcourues par des navires jaugeant

---

(1) Ce tarif s'applique aussi à tous les caboteurs sur lest.

plus de 80 tonneaux donnent lieu au payement des salaires ci-après :

NAVIRES JAUGEANT :	DISTANCES				
	No 1.	No 2.	No 3.	No 4.	No 5.
	fr. c.	fr. c.	fr. c.	fr. c.	fr. c.
80 à 90 tonneaux.	32 73	12 91	16 36	19 84	23 30
91 à 100 —	34 09	13 59	17 04	20 49	23 98
101 à 110 —	35 44	14 27	17 72	21 17	24 66
111 à 120 —	36 80	14 95	18 40	21 85	25 33
121 à 130 —	38 16	15 63	19 08	22 31	26 01
131 à 140 —	39 10	16 11	19 55	23 13	26 51
141 à 150 —	40 74	16 93	20 37	23 94	27 32
151 à 160 —	42 39	17 74	21 19	24 76	28 14
161 à 170 —	44 03	18 56	22 01	25 58	28 96
171 à 180 —	45 68	19 38	22 83	26 39	29 77
181 à 200 —	48 97	21 02	24 48	28 03	31 41
201 à 250 —	57 19	25 10	28 59	32 »	36 31
251 à 300 —	65 41	29 19	32 71	37 63	45 03
301 à 340 —	82 80	36 80	41 40	49 45	57 50

Il y a à ajouter à ces salaires 1 p. 0/0 pour les honoraires du pilote-major.

Tout pilote désigné pour conduire un bâtiment est tenu de rester trois jours à la disposition du capitaine. S'il reste plus, il reçoit une indemnité du quart du pilotage et 4 francs par jour avec la ration.

Les navires qui jaugent moins de 80 tonneaux, mais dont le tirant d'eau est de 2ᵐ,30 et au-dessus (sauf les alléges), sont astreints à l'obligation du pilotage de Nantes à Paimbœuf, et *vice versâ*.

Les bâtiments remorqués ne payent que les trois quarts du pilotage.

Le pilote, qui met plus de six jours pour aller de Nantes à

Paimbœuf, plus de trois jours de Nantes à Pellerin ou de Pellerin à Paimbœuf, plus de quatre de la Basse-Indre à Paimbœuf, reçoit 3 fr. par jour d'excédant, et 4 fr. si le retard a lieu par le fait du capitaine.

Tout pilote de Belle-Ile qui, après avoir piloté un navire, est mis à terre à Saint-Nazaire, a droit, en sus du pilotage, à une indemnité de 10 fr. Le pilote de l'Herbaudière a droit, dans le même cas, à 9 fr., ceux du Croisic et du Pouliguen à 3 fr.

Le pilote de Saint-Nazaire, déposé à Belle-Isle, reçoit 10 fr., à l'Herbaudière 9 fr., au Croisic ou au Pouliguen 3 fr.

Le pilote de Belle-Ile, déposé au Croisic, a droit à **9** fr.

Le pilote de l'Herbaudière à 8 fr., et réciproquement.

Le pilote de Saint-Nazaire, déposé à l'Ile-d'Yeu, reçoit une indemnité de 15 fr.

Chaloupe d'aide du pilote. — Par journée, embarcation, 5 fr. ; chaque matelot, 3 fr. ; mousse ou novice, 1 fr. 50 c. ; chaque pilote, 5 fr.

Ces tarifs sont augmentés de moitié, pour une nuit, et doublés si la chaloupe est employée pendant vingt-quatre heures.

DISPOSITIONS COMMUNES A TOUTES LES STATIONS DU SOUS-ARRONDISSEMENT DE NANTES.

Dans les prix de pilotage sont compris l'amarrage et le démarrage des navires.

Changement de place d'un navire. — *A Saint-Nazaire et à Paimbœuf.* — Navires de 170 tonneaux et au-dessous, 10 fr. ; au-dessus de 170 tonneaux, 15 fr.

A Nantes et sur toutes les rades de l'intérieur. — 6 ou 9 fr.

Le plus grand tirant d'eau marqué à l'arrière ou à l'avant est l'expression du tirant d'eau qui doit être pris pour base du payement du pilotage.

PILOTAGE.

QUATRIÈME ARRONDISSEMENT MARITIME.

(Extraits du décret du 18 février 1858.)

Dispositions générales.

Tout bâtiment à voile ou à vapeur, entrant dans un port ou en sortant, est tenu d'avoir un pilote, à moins que son tonnage ne soit au-dessous de 80 tonneaux.

Signal d'appel d'un pilote. — Le jour, un pavillon blanc bordé de bleu, ou, à défaut, un pavillon national au mât de misaine.

La nuit, deux feux superposés.

Le pilote retenu à bord a droit (généralement après trois jours) à une indemnité fixée pour chaque station.

Le pilote arrêté à l'avance a droit à 2 fr. par jour et à la ration. L'indemnité spéciale à payer dans les cas ci-dessus se calcule à raison de une journée pour douze heures, de deux tiers de jour pour six heures et plus, de une demi-journée pour moins de six heures.

Les bâtiments remorqueurs et remorqués doivent avoir un pilote, à moins que leur tonnage ne soit inférieur à 80 tonneaux.

Si le bâtiment remorqué est le plus grand, le droit de pilotage est établi, pour chacun des pilotes, d'après le tirant d'eau de ce bâtiment.

Si le bâtiment remorqué est le plus petit, chaque pilote est payé suivant le tirant d'eau respectif du navire qu'il monte.

Ces dispositions ne sont pas applicables à *Bayonne* et à *Saint-Jean-de-Luz.*

Le pilote déplacé a droit à 2 fr. par myriamètre parcouru et à 6 fr. par vacation.

Noirmoutiers. — *Pilotage.* — Du port de *Noirmoutiers* aux *Olattes*, ou à la *Maison-Rouge* ou *Barbâtre.* Du bois *de la Chaise* aux *Olattes*, 2 fr. par pied (0ᵐ,33) de tirant d'eau.

De *Noirmoutiers* ou du *bois de la Chaise à Fromentine.* — 18, 24, 30 et 36 fr., suivant le tirant d'eau (de 2ᵐ,60 à 3ᵐ,58).

De la rade du bois de la Chaise à la mer. — Navires tirant 2ᵐ,60 et au-dessous, 18 fr. ; au-dessus (jusqu'à 5ᵐ,19, par division de 33 centimètres), 20, 22, 24, 27, 30, 33, 36 et 40 fr.

De la mer aux Charpentiers. — 24 fr. pour les navires tirant 2ᵐ,60 et au-dessous ; au-dessus (jusqu'à 5ᵐ,19, par fraction de 33 centimètres), 27, 30, 33, 36, 40, 45, 50 et 55 fr.

De la mer en rade de Bourgneuf ou Bouin. — Navires tirant 2ᵐ,60 et au-dessous, 24 fr. ; au-dessus (jusqu'à 5ᵐ,19), 27, 30, 33, 36, 39, 42, 45 et 50 fr.

De la rade de Fromentine au Pont-d'Yeu. — Navires tirant 2ᵐ,60, 18 fr. ; au-dessus, 21, 24, 30, 36 et 42 fr. (jusqu'à 4ᵐ,22).

Du bois de la Chaise aux Charpentiers. — Navires tirant 2ᵐ,60, 27 fr. ; au-dessus (jusqu'à 5ᵐ,19, par division de 33 centimètres), 30, 33, 36, 40, 45, 50, 55 et 60 fr.).

De la rade de Fromentine aux Etiers de Beauvoir ou de la Barre du Mont. — 1 fr. par 33 centimètres de tirant d'eau.

Mise à quai ou au délestage. — 6 ou 9 fr.

Indemnités diverses. — Au pilote retenu à bord, 6 fr. par journée ; à celui qui, ayant conduit un navire aux *Charpentiers,* ira jusqu'à *Saint-Nazaire* ou *Paimbœuf,* 10 fr. de supplément, et 4 fr. si le navire a été conduit à *Pornic.* Emploi d'une chaloupe, 4 fr. par jour pour l'embarcation, et 3 fr. par homme.

Sables-d'Olonne. — *Pilotage.* — *Saint-Gilles-sur-Vie.* — Pilotage d'entrée ou de sortie :

Navire calant moins de 2^m	5 fr.
— de 2^m à $2^m,33$	6
— de $2^m,34$ à $2^m,66$	8
— de $2^m,67$ à 3^m	12
— de $3^m,01$ à $3^m,33$	18
— de $3^m,34$ et plus	24

Les bâtiments sur lest ne payent que les deux tiers.

Sables-d'Olonne. — Conduite d'un navire :

De l'île de Ré aux Sables, 30 fr. ; de la *Rochelle aux Sables*, 20 fr. ; de *Rochefort aux Sables*, 25 fr. ; de *Saint-Gilles*, 10 fr, ; de la *Barre-du-Mont* et de *Beauvoir*, 20 fr.

Pilote retenu à bord. — 5 fr. par jour ; avec embarcation, 8 fr., et pour chaque homme, 2 fr. 25 c. par jour.

1° *De la mer ou par le travers du Nouck aux Sables.* — Navire calant $2^m,40$ et au-dessous, 9 fr. ; de $2^m,41$ à $4^m,41$ et plus (par fraction de 20 centimètres), 11, 13, 17, 20, 23, 28, 33, 40, 48, 51 ou 57 fr.

2° *En terre du Nouck ou de la rade des Sables au port.* — Navire calant $2^m,40$ et au-dessous, 7 fr. ; de $2^m,41$ à $4,^m41$ (par division de 20 centimètres), 8, 9, 11, 15, 18, 21, 26, 30, 35, 39 ou 42 fr.

3° *Par le travers des jetées dans le port, ou du Nouck à la rade.* — Navire calant $2^m,40$, 3 fr. 50 c. ; de $2^m,41$ et plus (comme ci-dessus), 4 fr., 4 fr. 50 c., 5 fr. 50 c., 7 fr. 50 c., 9, 10 fr. 50 c., 13, 15, 17 fr. 50 c., 18 fr. 50 c. ou 21 fr. Ce pilotage est facultatif.

4° *En dehors du Nouck jusque par le travers de la Baleine, ou jusqu'au Pont-d'Yeu, ou en rade de Saint-Gilles.* — 13, 14, 17, 20, 23, 29, 35, 40, 45, 55, 65 ou 80 fr., suivant les tirants d'eau indiqués. Pilotage facultatif comme le précédent.

Ces divers prix sont augmentés de 25 p. 0/0, du 1er octobre au 31 mars.

Halage dans le port des Sables. — Au maître haleur, le jour, 1 fr. ; la nuit, 1 fr. 50 c. ; aux haleurs, le jour, 30 c. ; la nuit, 50 c. Location d'un grelin, 5, 10, 15 ou 20 fr., suivant le tonnage du navire.

Droit de pavillon (signal de marée). — Un centime par tonneau.

TARIF COMMUN AUX STATIONS DES SABLES, DE L'ILE DE RÉ, DE LA ROCHELLE, DE ROCHEFORT ET DE MARENNES.

De la mer, en dehors des dangers de la Baleine et du Chassiron, par les Pertuis :

1° *A l'île d'Aix.* — 22, 24, 26, 28, 33, 38, 45, 50, 58, 70, 80, 90 ou 105 fr., suivant que le navire cale moins de 2m,61, 2m,96, 3m,25, 3m,58, 3m91, 4m,53, 4,m66, 4m,88, 5m,20, 5m,53, 5m,85 ou 6m17 et plus.

2° *A la rade de Chef de Baie,* suivant les tirants d'eau indiqués plus haut. — 23, 26, 30, 37, 45, 54, 64, 74, 84 fr. (A partir de 4m,88, le pilotage reste à ce taux.)

3° *Aux battures du Lay ou aux Rades de l'île de Ré,* suivant les tirants d'eau (comme au § n° 2). — 28, 30, 33, 83, 38, 42, 46, 51 ou 56 fr.

4° *A la rade de l'Aiguillon ou à Marans (par le Pertuis breton),* suivant les tirants d'eau (comme à l'article précédent). — 43, 46, 50, 55, 60, 65, 72, 81 ou 92 fr. — *Par le Pertuis d'Antioche.* — 45, 49, 54, 60, 68, 76, 85, 95 ou 105 fr.

ILE DE RÉ (1). — *Pilotage.* — 1° *Des rades de l'île et des*

---

(1) Voir le tarif commun à l'article *Sables d'Olonne.*

battures de la rivière le Lay à la mer, par le Pertuis Breton, en dehors de la Baleine. — Navires tirant 2ᵐ,60 et au-dessous, 30 fr. ; de 2ᵐ,61 à 2ᵐ,95, 32 fr.; de 2ᵐ,96 à 3ᵐ,24, 35 fr. ; de 3ᵐ,25 à 3ᵐ,57, 38 fr. ; de 3ᵐ,58 à 3ᵐ,90, 42 fr. ; de 3ᵐ91 à 4ᵐ22, 46 fr.; de 4ᵐ,23 à 4ᵐ 55, 50 fr.; de 4ᵐ,56 à 4ᵐ,87, 55 fr.; de 4ᵐ,88 et plus, 60 fr.

2° *De la rade de l'Aiguillon ou des battures de la rivière de Marans à la mer, par le Pertuis Breton, en dehors de la Baleine,* en prenant pour base les tirants d'eau indiqués plus haut. — 43, 46, 50, 55, 60, 65, 72, 81 et 92 fr.

3° *Des rades de l'île et des battures du Lay à la mer, par le Pertuis-d'Antioche, en dehors du Chassiron.* — 30, 33, 36, 40, 45, 50, 55, 60 et 65 fr., suivant le tirant d'eau.

4° *De la rade de l'Aiguillon ou de la rivière de Marans à la mer, par le Pertuis-d'Antioche.* — 45, 49, 54, 60, 68, 76, 85, 95 ou 105 fr., suivant le tirant d'eau.

Des rades de l'île dans le fief d'Ars. — 15, 16, 18, 20, 22, 24, 26, 28 ou 30 fr.

6° *Du fief d'Ars au lieu de délestage et retour.* — 7, 8, 9, 10, 11, 12, 13, 14 ou 15 fr.

7° *Des rades de l'île à la jetée de Loix.* — 10, 12, 14, 16, 18, 20, 22, 24 ou 26 fr.

8° *Des rades de l'île dans l'intérieur des ports.* — 12, 14, 16, 18, 20, 22, 24, 26 ou 28 fr.

9° *Changement de place dans les rades.* — 8, 9, 10, 11, 12, 13, 14, 15 ou 16 fr.

10° *Des rades de l'île aux battures du Lay, et de la rivière de Marans en rade de l'Aiguillon.* — 15, 16, 18, 20, 23, 26, 30, 35 ou 40 fr.

11° *Des rades de l'île, du Lay, de la rivière de Marans ou de la rade de l'Aiguillon à la rade de Chef-de-Baie.* — Même tarif que le précédent.

12° *Des mêmes endroits à l'île d'Aix.* — 30, 33, 36, 39, 42, 45, 48, 50 ou 54 fr.

13° *De la Baleine en rade des Sables ou au Nouck* (pilotage facultatif). — 16, 18, 19, 21, 23, 25, 28, 30 ou 33 fr.

Le pilote de l'île de Ré, qui conduit en rivière de Bordeaux un navire mouillé en dedans des dangers de la Baleine ou de Chassiron, reçoit, pour ce service spécial, 100 fr. si le navire cale de 2^m60 à 2^m95, 120 fr. si le navire cale de 2^m96 à 8^m90, et 150 fr. s'il cale 3^m91 à 4^m55 et plus.

Le pilote retenu à bord reçoit 6 fr. par jour ; avec sa chaloupe, 12 fr., et 9 seulement si elle n'est montée que d'un homme.

La Rochelle (1). — *Pilotage.* — *Rivière du Lay.* — *Des battures du Lay ou de la rade de l'Aiguillon à l'Aiguillon, et vice versâ, ou de l'Aiguillon à Moric.* — Navires calant 2 m. 60 et au-dessous, 15 fr.; de 2^m61 à 2^m95, 17 fr.; de 2^m96 à 3^m24, 20 fr.; de 3^m25 à 3^m57, 24 fr.; de 3^m58 à 3^m90, 30 f., de 3^m91 à 4^m,22, 36 fr.; de 4^m,23 et au-dessus, 43 f.

Luçon et Saint-Michel en-l'Herm. — *De la rade de l'Aiguillon à la Pointe-aux-Herbes et à Virecourt, ou à la Charge ordinaire de Saint-Michel-en-l'Herm.* — Mêmes prix que pour la station précédente, mais en prenant pour base des allocations les tirants d'eau ci-après : 2^m70 et au-dessous, 2^m71 à 3^m, 3^m01 à 3^m35, 3^m36 à 3^m70, 3^m71 à 4^m, 4^m01 à 4^m35, 4^m35 et plus.

Marans. — *Des battures de la rivière de Marans ou de la rade de l'Aiguillon au Bréaud, ou de Bréaud au port de Marans.* — Navires de 2^m60 et au-dessous, 15 fr. (Le reste comme pour la rivière du Lay.)

La Rochelle. — 1° *De La Rochelle à la mer par les deux*

____

(1) Voir le tarif commun à l'article *Sables d'Olonne.*

13

pertuis, en dehors de la Baleine et de Chassiron. — 38, 43, 50, 62, 75, 90, 107, 124 ou 141 fr., suivant les tirants d'eau de 2ᵐ60 et au-dessous, 2ᵐ61, 2ᵐ96, 3ᵐ25, 3ᵐ58, 3ᵐ91, 4ᵐ,23, 4ᵐ,56 ou 4ᵐ,88 et plus.

2° *De La Rochelle à la rade de Chef-de-Baie, ou de la rade de Chef-de-Baie à l'île de Ré.* — 15, 17, 20, 25, 30, 36, 43, 50 et 57 fr., suivant les tirants d'eau indiqués au paragraphe précédent.

3° *De la rade de Chef-de-Baie à l'île d'Aix.* — Suivant le tirant d'eau (comme précédemment). — 16, 18, 21, 26, 31, 38 et 45 fr., à partir de 4ᵐ23.

4° *De la rade de Chef-de-Baie à celle de l'Aiguillon ou aux battures du Lay, ou de la rivière de Marans.* — Suivant les tirants d'eau. (Voir n° 1.) — 16, 18, 21, 26, 31, 37, 45, 53 ou 61 fr.

Le pilote de La Rochelle, qui conduit en rivière de Bordeaux un navire mouillé en dedans des dangers de la Baleine ou de Chassiron, reçoit pour ce service spécial, pour un navire calant de 2ᵐ60 à 2ᵐ95, 100 fr.; de 2ᵐ96 à 3ᵐ90, 120 fr.; de 3ᵐ91 à 4ᵐ55 et plus, 150 fr.

Le pilote retenu à bord reçoit 6 fr. par jour; pour loyer d'une chaloupe, 6 fr., et pour chacun des hommes de l'équipage, 3 fr. par jour.

Mouvement dans l'intérieur d'un port, 6 fr. par marée, si le pilote est employé; dans l'avant-port, 9 fr. par marée.

Rochefort. — *Pilotage* (1).

Station extérieure de la Charente.

1° *De la mer à l'île d'Aix, par les deux pertuis, ou de l'île*

---

(1) Voir le tarif commun, à l'article Sables-d'Olonne.

d'Aix à la mer, par le pertuis d'Antioche, en dehors des dangers :

Navires calant 2ᵐ60 et au-dessous.... 22 fr.
— de 2ᵐ61 à 2ᵐ95 24
— de 2ᵐ95 à 3ᵐ24 26
— de 3ᵐ25 à 3ᵐ57 28
— de 3ᵐ58 à 3ᵐ90 33
— de 3ᵐ91 à 4ᵐ22 38
— de 4ᵐ23 à 4ᵐ55 45
— de 4ᵐ56 à 4ᵐ87 50
— de 4ᵐ88 à 5ᵐ19 58
— de 5ᵐ20 à 5ᵐ52 70
— de 5ᵐ53 à 5ᵐ84 80
— de 5ᵐ85 à 6ᵐ16 90

2° *De l'île d'Aix au Port des Barques.*—Suivant les divers tirants d'eau indiqués, 12, 14, 16, 21, 23, 28, 33, 38, 43, 47, 53 ou 59 fr.

3° *Du port des Barques à Soubise.* — 12, 13, 15, 17, 20, 22, 25, 30, 36, 41, 47 ou 54 fr., suivant le tirant d'eau. (Mêmes divisions que ci-dessus.)

4° *De l'île d'Aix à la rade de Chef-de-Baie ou à Sablanceau.* — 14, 16, 18, 23, 25, 31, 35, 40, 45, 49, 55 ou 61 fr., suivant le tirant d'eau.

Station intérieure.

5° *Du port marchand ou de la Cabane-Carrée à Charente, ou de l'Avant-garde à Soubise, et vice versâ.* — 10, 11, 12, 14, 16, 18, 21, 25, 28, 32, 37 ou 43 fr., suivant le tirant d'eau.

Pilote retenu à bord. — 6 fr. par jour; loyer d'une embarcation montée de 2 hommes, 12 fr.; d'un seul homme, 9 fr. par jour.

Passage du port militaire. — 3 fr. par navire.

Conduite en rivière de Bordeaux d'un navire mouillé en dedans des dangers de la Baleine ou de Chassiron, 100, 120 ou 150 fr. (Voir *La Rochelle* et *l'île de Ré.*)

— 148 —

PILOTAGES.	PRIX À RAISON DU TIRANT D'EAU DES BATIMENTS.												
	De 2^m60 et au-dessous.	De 2^m61 à 2^m95	De 2^m96 à 3^m24	De 3^m25 à 3^m57	De 3^m58 à 3^m90	De 3^m91 à 4^m22	De 4^m23 à 4^m55	De 4^m56 à 4^m87	De 4^m88 à 5^m19	De 5^m20 à 5^m52	De 5^m53 à 5^m84	De 5^m85 à 6^m16	De 6^m17 à 6^m50
De l'île d'Aix en rade de la Pérotine...	6	8	9	12	16	21	26	32	38	»	»	»	»
De l'île d'Aix à la balise du Nord ou au banc de Charray.................	10	12	13	16	20	25	30	36	42	»	»	»	»
De la balise du Nord ou du banc de Charray à la pointe du Chapus......	10	12	13	16	20	25	30	36	42	»	»	»	»
Des coureaux d'Oléron ou de la pointe du Chapus, en rivière de Seudre. ..	14	16	18	21	26	50	38	45	52	»	»	»	»
Des coureaux d'Oléron ou de la pointe du Chapus à la mer, par Maumusson....	52	36	40	50	60	72	84	»	»	»	»	»	»
De la Seudre à la mer par Maumusson..	54	38	43	53	66	80	98	»	»	»	»	»	»
Des courreaux d'Oléron ou du mouillage du Chapus dans un chenal........	9	9	9	9	9	9	9	9	9	»	»	»	»
De la rivière de la Seudre dans un chenal de cette rivière..............	6	6	6	6	6	6	6	6	6	»	»	»	»
De la rivière de la Seudre à la première cale près du bassin servant de port à Marennes ou dans le bassin même...	9	9	9	9	9	9	9	9	9	»	»	»	»
Du mouillage de la Seudre à Ribéron....	20	25	50	35	40	»	»	»	»	»	»	»	»
De la balise du Nord en rade des bris.	»	»	»	»	»	»	»	38	44	58	74	93	117
Des bris en mer par Maumusson.......	»	»	»	»	»	»	»	38	44	58	74	93	117
De la balise du Nord en rivière de Seudre.	»	»	»	»	»	»	»	50	57	70	86	105	129
De la rivière de Seudre dans les bris...	»	»	»	»	»	»	»	50	57	70	86	105	129
De la rivière de Seudre par le chenal de la Vache ou du Salon d'Or à la mer par Maumusson.....	»	»	»	»	»	»	»	91	98	112	128	»	»
De la Seudre à Royan par Maumusson...	»	»	»	»	»	»	»	160	173	185	195	207	217

(1) Voir le Tarif commun à l'article SABLES D'OLONNE.

Le pilôte retenu à bord a droit à 6 fr. par jour. L'embarcation montée de 2 hommes se paye 12 fr. par jour ; d'un seul homme, 9 fr.

Déplacement dans un port ou dans une rade, 9 fr.

Seudre (rivière). — Les bâtiments exemptés de l'obligation du pilotage, qui prennent un pilote à la sortie de cette rivière, payent 9 fr. pour ce service spécial.

Oléron (Ile d'). — *Pilotage.* —

Station de Saint-Denis. — L'emploi des lamaneurs pratiques de Saint-Denis est toujours facultatif.

Les prix à payer sont fixés comme suit :

Navires de 15 à 25 tonneaux, à l'entrée, 6 fr. ; à la sortie, 5 fr.

— 26 à 40 d° d° 8 d° 6

— 41 et au-dessus, d° 10 d° 8

Le lamaneur retenu à bord au delà de 24 heures reçoit, en sus, une indemnité de 5 fr. par jour, à moins que le retard ne provienne de son fait, auquel cas il ne reçoit aucun salaire.

Une chaloupe retenue pour le service d'un bâtiment est payée à raison de 4 fr. par jour, plus 3 fr. pour chaque homme de l'équipage.

Royan, Saint-Georges, Pauillac, Blaye et Bordeaux.

Tarif de pilotage commun à ces divers ports.

PRIX D'UN PILOTAGE.

Navires tirant de :			Navires tirant de :		
3m 20 et au-dessous......	55 fr.	20	4m 61 à 4m 80............	63 fr.	85
3m 21 à 3m 40............	57	40	4 81 à 5 »............	66	50
3 41 à 3 60............	59	60	5 01 à 5 20............	69	15
3 61 à 3 80............	41	80	5 21 à 5 40............	71	80
3 81 à 4 »............	41	»	5 41 à 5 60............	74	50
4 01 à 4 20............	55	25	5 61 à 5 80............	77	15
4 21 à 4 40............	58	50	5 81 à 6 »............	79	80
4 41 à 4 60............	61	21			

DESCENTE DE LA RIVIÈRE.

De Bordeaux à Blaye, 1 pilotage ; *de Bordeaux à Pauillac* ou *Trompe-Loup*, 1 pilotage 1/4, de *Blaye* au *Verdon* ou à *Royan*, 1 pilote 1/3 ; *de Pauillac à Royan, de Verdon à la mer* ou de *Bordeaux à Bourg-en-Dordogne*, 1 pilotage.

MONTÉE DE LA RIVIÈRE.

	Du 1er avril au 30 septemb.	Du 1er octobre au 31 mars.
De la mer à *Royan*.......... ....:........	1 pilotage.	1 pilotage 1/2
De *Royan* à *Trompe-Loup*......	1 pilotage.	1 pilotage.
De *Trompe-Loup* à *Bordeaux*.................	1 pilotage 1/4	1 pilotage 1/4
De *Trompe-Loup* ou *Pauillac* à *Bourg*...........	1 pilotage.	1 pilotage.

Les bâtiments français de 70 à 110 tonneaux, faisant le cabotage, payent par pilotage, quel que soit leur tirant d'eau, 20 ou 25 fr., suivant qu'ils jaugent de 70 à 90 tonneaux ou de 91 à 110 tonneaux.

Les mouvements dans la rade de Bordeaux se payent à raison de 10 ou de 15 fr. par déplacement, suivant la distance.

Dispositions communes à toutes les stations de la Gironde.

Lorsque les pilotes auront besoin d'une gabare de touée, elle sera payée en raison du nombre d'hommes qui l'armeront et la gabare comptera pour un homme. Les journées seront payées à raison de 3 fr., et les hommes nourris aux frais du navire. Pour les navires calant 4 mètres et au-dessous, les pilotes ne pourront prendre une gabare de touée qu'avec l'agrément du capitaine, et, en cas de refus de celui-ci, que sur une décision du capitaine de port.

Le pilote forcé par le mauvais temps de conduire un bâtiment sortant aux Pertuis a droit, d'après le tirant d'eau du navire, à un pilotage en sus.

Il en est de même en cas de relâche aux Pertuis, à l'entrée en rivière ; mais, si le capitaine conserve le pilote jusque dans la Gironde, le pilotage spécial du Pertuis est réduit d'un quart.

Pilote retenu à bord, 6 fr. par jour ; loyer d'une embarcation, 12 fr. ; avec un seul homme, 9 fr.

Libourne. — (*Pilotage de la Dordogne.*) —

De Libourne à l'île Verte. — Navires tirant 2ᵐ 60 et au-dessous, 30 fr. ; de 2ᵐ 61 à 2ᵐ 76, 33 fr. ; de 2ᵐ 77 à 2ᵐ 92, 36 fr. ; de 2ᵐ 93 à 3ᵐ 08, 39 fr. ; de 3ᵐ 09 à 3ᵐ 24, 42 fr. ; de 3ᵐ 25 à 3ᵐ 40, 45 fr. ; de 3ᵐ 41 à 3ᵐ 57, 49 fr., de 3ᵐ 58 à 3ᵐ 73, 54 fr. ; de 3ᵐ 74 et plus, 58 fr.

De Bourg à Libourne. — Les deux tiers des prix ci-dessus.

Au-dessus de 3ᵐ 90 de tirant d'eau, les navires payent 6 fr. de plus par 16 centimètres, de *Libourne à l'île Verte*, et 4 fr. de *Bourg à Libourne*.

Indemnités diverses. — Par dérogation aux dispositions générales, le pilote retenu par les vents contraires reçoit 4 fr. par jour, à dater du septième jour, y compris celui d'entrée et de sortie.

Les dispositions relatives à l'emploi d'une gabare de touée inscrites au titre des stations de la Gironde sont applicables à celle de Libourne.

Pour la conduite d'un navire, de la Dordogne dans l'île et réciproquement (ce pilotage est facultatif), il est payé au pilote 8 fr. par chaque déplacement.

Bayonne. — (*Pilotage de l'Adour.*) —

NAVIRES	DROIT de signal ou au pilote major.	PILOTAGE de LA BARRE.		MONTÉE jusque dans le port ET AMARRAGE.	
		sans chaloupe d'aide.	avec chaloupe.	sans chaloupe.	avec chaloupe.
		ENTRÉE ET SORTIE.			
	fr. c.	fr. c.	fr. c.	fr. c.	
Au-dessous de 20 tonneaux.	3 50	2 50	11 50	4 »	9 fr. 50 en sus et 11 fr. si le pilote n'est pas employé.
de 21 à 40 — ..	4 50	3 50	12 75	4 »	
de 41 à 80 — ..	6 »	4 »	14 25	5 »	
de 81 à 120 — ..	7 »	5 »	17 »	6 »	
de 121 à 180 — ..	8 »	6 »	20 »	7 »	
de 181 à 220 — ..	10 »	7 »	23 »	8 »	
de 221 et plus..........	12 »	8 »	26 »	9 »	
		pour une chaloupe de secours en sus, 11f 50			

Le pilote retenu à bord plus de 24 heures a droit à 6 fr. par jour ; cette allocation lui est payée si le navire n'a pu être piloté pendant la marée. Le pilote qui conduit un navire de *Saint-Sébastien* ou du *Passage* à *Bayonne*, et *vice versâ*, reçoit une indemnité de 60 fr. ; d'*Hendaye*, du *Socoa* ou de *Saint-Jean-de-Luz* à *Bayonne*, 40 fr. Si le navire renonce à se rendre à Bayonne, le pilote a droit à la moitié des prix indiqués, à titre de frais de déplacement.

Le pilote, qui accoste un navire à un endroit éloigné de la barre de plus d'une demi-lieue marine, reçoit, si ses services sont acceptés, 15 fr. de supplément pour un bâtiment de 20 à 80 tonneaux ; 20 fr. pour un bâtiment de 81 à 160 tonneaux et 30 fr. pour tout bâtiment d'un tonnage supérieur.

Le pilote, qui consent à rester à bord d'un bâtiment pendant son séjour en rade, reçoit 5 fr. par 24 heures ; la même allocation lui est due s'il est forcé de faire quarantaine.

Les mouvements en grande rade se payent d'après le tarif suivant :

Emploi du pilote, le jour, 3 fr. ; la nuit, 4 fr. 50 ; emploi du pilote avec sa chaloupe, le jour, 12 fr. ; la nuit, 15 fr.

Les salaires de nuit sont acquis lorsque le pilote et la chaloupe ont été employés plus de 12 heures pendant le jour.

Station de l'Adour. —

	Pour la descente du bâtiment.		Pour le passage du pont Saint-Esprit.	
	fr.	c.	fr.	c.
Navires de 20 tonneaux......................	3	50	3	»
— de 21 à 40 tonneaux................	5	»	3	»
— de 41 à 80 —	7	»	4	50
— de 81 à 120 —	8	»	6	»
— de 121 à 180 —	9	»	7	»
— de 181 à 220 —	10	»	8	»
— de 221 et plus	11	»	9	»

Saint-Jean-de-Luz. — *Pilotage.* — Les salaires à payer aux lamaneurs pour le pilotage des bâtiments, tant à l'entrée qu'à la sortie des ports de *Saint-Jean-de-Luz* et du *Socoa*, sont fixés comme suit :

Pilote avec chaloupe montée de 14 hommes.	21 f.	»
Pilote avec trincadoure,	18 —	31	50
Chaloupe en sus de la première.............	18	»
Trincadoure —	24	»

Lorsque les toulines ou aussières du Socoa seront employées pour l'entrée, les salaires du pilote seront augmentés de moitié.

Le pilote retenu en rade, à bord d'un bâtiment, jusqu'après minuit, a droit au double lamanage.

Le capitaine qui renvoie le pilote avant que le pilotage soit effectué, ou le conserve sans sa chaloupe, doit lui payer une indemnité de 6 fr. par jour.

PILOTAGE.

Dispositions générales.

Les bateaux à vapeur de construction française, faisant une navigation régulière entre Marseille et l'étranger, sont exempts de droits, à l'entrée comme à la sortie.

PORT-VENDRES. — *Pilotage.* — Les salaires des pilotes sont réglés comme suit, pour l'entrée comme pour la sortie, savoir :

Navires de 50 tonneaux et au-dessous 0 f. 0800 par tonneau ;
—   de 51 à 100 tonneaux......   0   1390   —
—   de 101 et au-dessus........   0   23   —

Les bâtiments qui, étant sortis du port, seront forcés d'y rentrer, ne payeront pas une seconde fois le pilotage.

LA NOUVELLE. — *Pilotage.* — Les bâtiments français payent, à l'entrée comme à la sortie, 0 f. 0575 par tonneau.

Les marchandises de toute espèce à destination de la Nouvelle ou expédiées de ce port payent un droit de 0 f. 0690, par cent kilogrammes, à l'exception de celles désignées ci-après, qui sont soumises à une taxe de 0 f. 0575 par hectolitre, pour le vin ; 0 f. 1035 par hectolitre, pour l'eau-de-vie, et de 0 f. 1725 par hectolitre, pour les esprits et trois-six.

Les blés, farines, sels, plâtre, son et autres résidus de blé et le charbon de pierre sont exempts de la taxe.

AGDE. — *Pilotage.* — Tout navire français paye à *l'entrée* 0 f. 1150 par tonneau de jauge et autant à *la sortie.*

Les grains, farines, son et sels provenant des salines du pays, sont soumis, à la sortie, à un droit de 0 f. 8625 par 100 hectolitres ; les autres marchandises payent 0 f. 0575 par quintal métrique, à l'entrée comme à la sortie.

Cette. — *Pilotage.* — Les bâtiments faisant le petit cabotage payent, quel que soit leur tonnage, *à l'entrée,* 0 f. 069 par tonneau de jauge ; *à la sortie,* 0 f. 046.

Les bâtiments faisant le grand cabotage ou le long-cours payent, quel que soit leur tonnage, *à l'entrée,* 0 f. 2875 par tonneau ; *à la sortie,* 0 f. 0415. Les navires français ne sont soumis à aucune taxe pour l'entrée ou la sortie du canal. Les pilotes requis pour changer un navire ou ses ancres de place reçoivent 4 fr. par mouvement. Les bâtiments forcés de rentrer au port après une sortie sont exempts de pilotage à leur deuxième sortie.

Le pilote retenu à bord a droit à 6 fr. par nuit, à 3 fr. pour une demi-nuit ou une journée, et à 2 fr. pour une demi-journée. Mêmes allocations pour emploi d'une embarcation.

Lorsque, par suite de mauvais temps, le navire ne peut être piloté qu'au moyen de signaux, le pilotage est payé à raison de 0 f. 1437 par tonneau.

Les navires pris au delà de 2 lieues des passes payent le pilotage entier (§ n° 1) ; en dedans de cette distance, 0 f. 1150 par tonneau ; ceux pris en dedans d'une ligne N. et S. du pavillon du *fort Saint-Louis* ne payent qu'un droit de lamanage de 4 fr.

Le pilote qui, ayant abordé un navire au large, est obligé de le conduire à Marseille ou ailleurs, reçoit le pilotage entier, plus 2 fr. par myriamètre pour son retour à Cette ; celui qui reste plus de 24 heures à bord d'un bâtiment pris au large a droit à 3 fr. par jour après ce délai. — (Voir *Aigues-Mortes.*)

Aigues-Mortes. — *Pilotage.* — Les droits de pilotage perçus sur les navires et sur les marchandises ont été fixés comme suit par l'ordonnance du 14 mai 1845 :

Navires au-dessous de 20 tonn.	à l'entrée. 0 f. 65 à la sortie. 0 40	
d° au-dessus de 20 tonn.	à l'entrée. 0 03 à la sortie. 0 02	par tonneau.

MARCHANDISES.

Pour le savon.............. 0 f. 50
— l'huile................ 0   50
— le riz................ 0   50
— les oranges........... 0   50
— les planches en fer...... 0   13
— les douelles, futailles vides
  et cercles...... 0   13
— les salaisons............ 0   30
— les autres marchandises
  non dénommées...... 0   25

par tonneau, à l'entrée comme à la sortie.

La farine, 0 f. 02 par balle, à l'entrée comme à la sortie.
Le blé, 0 f. 01 par hectolitre.

Le vin, par hectolitre. { à l'entrée. 0 f. 02 / à la sortie. 0   01

L'eau-de-vie, do { à l'entrée. 0   03 / à la sortie. 0   02

MARSEILLE. — *Pilotage.* — Les bâtiments français de 80 tonneaux et au-dessus payent un droit de pilotage de 0 fr. 1725, par tonneau, *à l'entrée*, et de 0 fr. 1150, par tonneau, *à la sortie.*

Les navires qui, après une première sortie, rentrent dans le port, par suite d'accident fortuit ou de force majeure, sont exempts de pilotage à leur deuxième sortie.

Il y a deux lignes d'opérations pour le service du lamanage :

La première est fixée à partir *de Rion*, passant par *Planier* et aboutissant *à Carri ;*

La deuxième, à partir de l'*île de Maïze*, passant par le *cap Cavaux*, l'*île de Pomègue* et aboutissant au *cap Méjean.*

En dehors de la première ligne, le droit de pilotage est acquis en entier aux lamaneurs ; entre la première et la deuxième ligne, il est réduit aux 3/4, et à la moitié seulement, entre la deuxième ligne et le port.

Bouc. — Tout bâtiment entrant à Bouc paye le pilotage suivant le tarif de Marseille.

Par exception, tout navire qui, venant de Marseille, relâche à Bouc, paye le 1/2 droit seulement à l'entrée et à la sortie.

Inversement, tout bâtiment qui, destiné pour Marseille, relâche à Bouc, paye le droit entier dans ce dernier port et 1/2 droit seulement dans le premier.

Dispositions communes aux divers points des stations de Marseille.

En cas de tempête constaté, le droit de pilotage sera payé double au pilote qui aura réussi à monter à bord du navire ou à le diriger de la voix.

Les bâtiments de 80 tonneaux et au-dessous, qui réclament les services d'un pilote, sont tenus d'acquitter le pilotage suivant la distance à laquelle ils ont été abordés.

Le pilote retenu à bord a droit à 3 francs par jour, et à la même somme pour l'embarcation et pour chaque homme requis.

Droits de tonnage. — (Voir à l'article FRANCE. — Droits généraux de navigation).

RHÔNE (*Pilotage du*). — Le prix d'un pilotage est fixé comme suit :

A la descente :

Navires de 2 à 40 tonneaux	....	6 f.	» c.
— de 41 à 50 —	....	6	50
— de 51 à 60 —	....	7	»
— de 61 à 70 —	....	7	50
— de 71 à 80 —	....	8	»
— de 81 à 90 —	....	9	»
— de 91 à 100 —	....	10	»
— de 101 à 110 —	....	11	»
— de 111 à 120 —	....	12	»

et 20 centimes en sus par tonneau au-dessus de 120.

14

A la remonte, les bâtiments chargés payent le 1/3 du prix du tarif, sans que, pourtant, cette diminution puisse réduire le pilotage à moins de 6 francs pour les bâtiments de 31 à 40 tonneaux, et de 5 francs pour ceux de 30 tonneaux et au-dessous.

Tout bâtiment sur lest doit pour un pilotage 6 francs, depuis 31 tonneaux et au-dessus ; au-dessous de ce tonnage, le pilotage est de 5 francs.

Tout bâtiment chargé, à la remonte, doit prendre un pilote à la *Loüisiane.* — Si le pilote ne se présente que plus haut, il n'est dû que 3/4 de pilotage à celui pris avant *Bois-Vieil,* et 1/2 pilotage à celui pris au-dessus de *Bois-Vieil* jusqu'à Arles.

Pour les navires sur lest, à la remonte, le pilotage est facultatif. — En cas de quarantaine, le pilote a droit à 2 francs par jour et à la ration, en sus du pilotage acquis.

On compte un pilotage et 1/4 de la *Tour St-Louis* à *Arles.* — Le pilote conservé au-dessous de la *Tour St-Louis* a droit à 1/4 de pilotage en sus, c'est-à-dire à un pilotage 1/2. — La conduite de *Beaucaire* à *Arles* et *vice versâ* donne droit au pilotage entier.

En temps de foire de Beaucaire seulement, le pilotage de la *Tour St-Louis* à *Beaucaire* est fixé comme suit : bâtiments non-pratiques du Rhône, de 50 tonneaux et au-dessus, 70 fr. ; au-dessous de 50 tonneaux, 50 fr. ; bâtiments pratiques, au-dessus de 50 tonneaux, 50 fr. ; au-dessous de ce tonnage, 40 fr.

Navires à vapeur. — Les vapeurs faisant un service régulier peuvent prendre un pilote au mois, à raison de 140 francs et la nourriture. S'ils n'usent pas de cette faculté, ils payent, comme les bâtiments remorqués, les 2/3 des salaires imposés aux bâtiments à voiles d'un tonnage égal au leur. Toutefois, s'ils ne remorquent pas de bâtiment et sont affectés au transport de passagers ou de marchandises, ils sont soumis à la taxe des bâtiments à voiles chargés.

Arles. — *Pilotage.* — Entrée et sortie d'un navire : de 2 à 30 tonneaux, 8 fr. 28 c. ; de 30 à 60 tonneaux, 8 fr. 79 c. ; de 60 à 90 tonneaux, 9 fr. 31 c. ; de 90 à 120 tonneaux, 9 fr. 83 c. ; de 120 tonneaux et au-dessus, 10 fr. 35 c.

Ce droit est payé par tout bâtiment, qu'il entre ou sorte *par le canal du Languedoc, par celui d'Arles à Bouc ou par l'embouchure du Rhône.*

Indépendamment des sommes ci-dessus, il est payé au pilote 7 francs par bâtiment remorqué.

Le pilote, qui passe une nuit à bord, a droit à 3 francs et à la même somme en sus si sa chaloupe a été employée.

La Plaine (avenue des Passes) est signalée par les pilotes au moyen de barcots (petites barques) indiquant le tirant d'eau aux bâtiments. Les capitaines qui descendent cette passe, quand elle est signalée, sont soumis, en faveur des pilotes, à une rétribution de 1 fr. 15 c. pour les navires de 50 tonneaux et au-dessus, et de 575 millièmes pour ceux d'un tonnage inférieur.

Corse. — *Ajaccio.* — Les bâtiments français de 60 tonneaux et au-dessous sont exempts de l'obligation de prendre un pilote : s'ils en prennent un, ils payent comme s'ils jaugeaient plus de 60 tonneaux ; les navires d'un tonnage supérieur payent :

Ceux de 61 à 70 tonneaux.	4 fr.	
— 71 à 80 —	6	
— 81 à 100 —	12	A l'entrée
— 101 à 150 —	15	comme à la sortie.
— 151 tonneaux et plus.	20	

Le bâtiment en relâche, après une première sortie, ne paye pas une seconde fois le pilotage ; mais il doit la moitié des droits à sa seconde relâche et à sa troisième sortie.

Bastia et St-Florent. — Les navires de 70 tonneaux et au-dessous sont exempts de l'obligation de prendre un pilote.

— Au-dessus de ce tonnage les bâtiments français sont soumis à un droit de 10 centimes par tonneau de jauge, à l'entrée comme à la sortie.

GÉORGIE.

Voir à l'article *États-Unis* pour les droits généraux de navigation, monnaies, mesures, etc.

Droits de pilotage. — Les droits de pilotage pour les différents ports de la Géorgie sont fixés, suivant les circonstances, par des commissaires du pilotage. En sus de ces droits, il est payé au pilote une indemnité de un dollar par jour.

GRANDE-BRETAGNE.

Voir *Angleterre*.

GRÈCE.

En l'absence d'un traité réglant les relations de commerce et de navigation entre la France et la Grèce, ceux de nos navires qui fréquentent les ports de ce royaume ne peuvent se prévaloir d'aucun acte international qui leur assure un traitement favorable, quant aux droits de navigation. Toutefois, par suite des dispositions spéciales des lois grecques, qui règlent le taux de ces droits pour les navires français, nos bâtiments jouissent du traitement d'une des nations les plus favorisées. — Ces droits sont fixés comme suit pour les ports de :

SYRA, NAUPLIE, LE PIRÉE, CHALCIS (1), CALAMATA, GYTHÉE, MARATHONISI, PYLOS, NAVARIN et PATRAS ; savoir :

Droit de tonnage. — 12 lepta par tonneau, (voir plus bas).

____

(1) Une loi du 25 octobre 1853 a fixé comme suit, par suite de l'ouverture du détroit de l'Eubée, *les droits de péage* dans le *canal de*

Droit d'expédition. — Navires de 51 à 100 tonneaux, 2 drachmes; de 101 à 200 tonneaux, 3 drachmes; de 201 à 300 tonneaux, 4 drachmes; de 301 tonneaux et plus, 5 drachmes.

Droit de phare. — Navires de 51 à 100 tonneaux, 2 drachmes 50 lepta; de 101 à 200 tonneaux, 5 drachmes; de 201 à 300 tonneaux, 8 drachmes; de 301 tonneaux et plus, 10 drachmes.

Ce droit n'est perçu que dans les ports où il existe un phare.

Droit sur la poudre. — Quand la poudre reste à bord du bâtiment, par kilogramme et par mois de séjour, 2 lepta; quand elle est mise en magasin, 3 lepta.

Sont exempts de tout droit les navires chargés ou sur lest qui, ayant une autre destination que le port devant lequel il se trouvent, demandent à se procurer, sous voile et sans jeter l'ancre, des vivres, de l'eau et les objets nécessaires aux réparations qui n'exigent pas leur entrée dans le port, mais à la condition de ne recevoir, ni débarquer aucune espèce de marchandise. — Ces navires ne peuvent rester en panne devant le port que pendant 6 heures; passé ce délai, ils sont soumis aux droits.

Observations sur le droit de tonnage. — Dans les ports autres que ceux désignés plus haut, le droit de tonnage est de 9 lepta.

Les bâtiments venant de l'étranger avec chargement, déchargeant et partant avec un autre chargement, payent le ***droit entier*** (12 ou 9 lepta, suivant le cas).

Les bâtiments entrés chargés et sortis sur lest ne payent que les 2/3 du droit.

Chalcis: navires de 20 tonneaux, 50 lepta par tonneau, de 21 à 50, 30 lepta; de 50 à 100 tonneaux, 20 lepta; de 101 à 300, 15 lepta; de 301 et plus, 10 lepta par tonneau.

Les bâtiments entrés sur lest ou avec une cargaison qui n'est pas mise à terre, le 1/3 seulement.

En sont exempts les navires dont la relâche, sans opération commerciale, ne se prolonge pas au delà de huit jours.

Monnaies, poids et mesures :

Drachmé................	90 centimes.
Lepta.................	0 fr. 009
Chilo.................	28 kilog.
Couronne (figues)...........	0 kilog. 42.
Cantaro................	56 kilog.
Ocque.................	1 kilog. 24.

GUADELOUPE ET DÉPENDANCES (1).

Les droits de tonnage, droits pour permis de chargement et de déchargement et les droits sanitaires sont les mêmes qu'à la Martinique. (Voir à l'article de cette colonie.)

Les droits de pilotage sont fixés comme suit :

Bâtiments français venant des possessions françaises :			Bâtiments venant de l'étranger :		
De 70 à 100 t^x.	43 f.	75	De 60 à 100 t^x.	52 f.	50
101 à 150	52	50	101 à 150	78	75
151 à 200	70	»	151 à 200	96	25
201 à 250	87	50	201 à 250	113	75
251 à 300	105	»	251 à 300	131	35
301 à 350	122	50	301 à 350	148	75
351 à 400			351 à 400		
et plus......	140	»	et plus......	166	25

Droit de phare payable une seule fois dans le cours d'un

---

(1) La Guadeloupe comprend quatre dépendances qui sont : les îles de Marie-Galante, des Saintes, de la Désirade, et les deux tiers environ de l'île de St-Martin.

même voyage, quel que soit le nombre des escales : 30 centimes par tonneau. (Arrêté local du 4 décembre 1854.)

Droit de mouillage. — Le même qu'à la Martinique.

Droits de quai. — 1° A la *Basse-Terre* : jusqu'à 150 tonneaux, 25 fr. ; de 150 à 300 tonneaux exclusivement, 40 fr. ; de 300 tonneaux et au-dessus, 50 fr. ;

2° A la *Pointe-à-Pitre*, même tarif ;

3° A *Grand-Bourg* (Marie-Galante), de 60 à 150 tonneaux, 15 fr. ; de 150 à 200 tonneaux, 20 fr. ; de 200 tonneaux et au-dessus, 25 fr. (Arrêté local du 8 novembre 1848.)

Les bâtiments français ne sont soumis à *St-Martin* à aucun droit de port ou de navigation. (Arrêté du 11 février 1850.)

GUATEMALA (RÉPUBLIQUE DE).

En ce qui concerne les charges affectant la coque des navires, les bâtiments français jouissent dans les ports de cette République du traitement national, tant à l'entrée qu'à la sortie. (Traité d'amitié et de commerce du 8 mars 1848.) Les droits de navigation sont perçus d'après la capacité légale indiquée sur les papiers de bord.

GUYANE FRANÇAISE.

Le commerce entre la France et la Guyane ne peut être fait que par bâtiments français. (*Acte de navigation du 21 septembre 1793.*)

Les seules taxes de navigation perçues à la Guyane sont celles *de pilotage*, dont voici le tarif. (*Arrêté local du 16 août 1830.*)

A l'entrée, si le navire mouille en grande rade ou dans le port, de 50 à 99 tonneaux, 40 fr. ; de 100 à 149 tonneaux, 50 fr. ; de 150 à 199 tonneaux, 60 fr. ; de 200 à 299 tonneaux,

75 fr.; de 300 à 399 tonneaux, 90 fr.; et 400 et plus, par 100 tonneaux en sus, 15 fr.

Transport du pilote en grande rade quand le bâtiment n'entre pas dans le port, par marée, 10 fr.

Changement de mouillage dans la petite rade de Cayenne, 6 fr.

Séjour du pilote à bord, par 24 heures, indépendamment de la nourriture, 6 fr.

De la petite rade de Cayenne à la pointe de *Macouria*, et *vice versâ*, 30 fr.

A la sortie. — Mêmes droits qu'à l'entrée.

HAÏTI.

D'après les stipulations du traité du 12 février 1838, les bâtiments français jouissent du traitement de la nation la plus favorisée.

Droits de tonnage, port, etc. — 1 piastre ou gourde (5 fr. 40 c.) par tonneau. (*Loi du 13 novembre 1854.*)

Droits d'échelle. — Navires de 150 tonneaux, 200 gourdes (1,080 fr.); de 200 tonneaux, 250 gourdes (1,350 fr.); de 300 tonneaux, 300 gourdes (1,620 fr.).

Droit de fontaine. — Navires de 100 à 150 tonneaux, 120 gourdes (648 fr.); de 151 à 250 tonneaux, 160 gourdes (864 fr.); de 251 à 300 tonneaux, 200 gourdes (1,080 fr.).

MONNAIES, POIDS ET MESURES.

Gourde d'Haïti (piastre forte d'Espagne)..... = 5 f. 40
Centième .... = » .054

Mesures

De longueur.. { Aune.. = 1 m. 188.
Pied... = 0   325.
Pouce.. = 0   027.

De superficie. { Pied carré... = 10 décimètres ᶜ 55.
Pouce carré.. = 7 centimètres ᶜ 33.

De pesanteur. { Quintal.. = 48 kilog. 950.
Livre.... = 0   489.
Once.... = 3 décagrammes 059.
Marc.... = 2 hectog. 447.

De capacité (liquides) { Gallon.. = 3 litres 785.
Pinte... = 0 — 931.

HANOVRE.

Les navires français en relâche dans les ports du Hanovre sont exempts de droits de navigation proprement dits. (Déclaration internationale de mars 1856.)

Droits du STADE (affluent de l'Elbe), 1/4 pour cent de la valeur des cargaisons.

HONDURAS (RÉPUBLIQUE DE).

Le traité du 17 octobre 1857 stipule, dans son article 2, la complète assimilation des pavillons de la France et du Honduras, en ce qui concerne les droits et taxes de navigation.

ILES CANARIES.

Droits de port. — 2 réaux par tonneau de jauge. — Sont exempts de droits de port, les navires qui, en cours de traversée pour l'Amérique, l'Afrique ou l'Asie, relâchent aux

Iles Canaries pour s'y ravitailler, réparer des avaries, etc., mais qui n'effectuent pas d'opérations commerciales.

Droit de pilotage. — Par bâtiment, 45 réaux (11 fr. 84.)

ILES DE LA SOCIÉTÉ.

Ports ouverts : *Tahiti, Papéiti, Taonoa, Moorea, Papetoaï.*

Droits de pilotage. — Par mètre de tirant d'eau, 12 francs. — Les navires entrant ou sortant sans pilote payent moitié prix.

Mouvement dans la rade, à la demande du capitaine, 20 fr.

Droits de tonnage. — Bâtiments français ou assimilés, 50 centimes par tonneau. — Sont exempts de ce droit : 1° Les navires baleiniers; 2° les navires venant en relâche forcée dûment constatée; 3° ceux qui ne séjournent pas plus de 24 heures sur la rade et ne se livrent à aucune opération commerciale. — Le droit de tonnage n'est, d'ailleurs, exigible que dans le lieu de prime abord.

Droit d'expédition. — Les navires français ou assimilés payent pour frais d'expédition, d'entrée et de sortie, 12 fr. 50. — Ce droit n'est perçu que lorsqu'il y a lieu de percevoir le droit de tonnage.

Les marchés se règlent par piastres et non par francs. — Les piastres d'Espagne, du Chili et des autres républiques américaines sont reçues indistinctement avec la pièce de 5 francs. — Les pièces de 50 centimes et de 1 franc sont admises pour 1 réal et 2 réaux.

ILES IONIENNES.

En vertu de l'acte anglais du 26 juin 1849, les pavillons étrangers, et par conséquent le pavillon français, jouissent, à dater du 1er janvier 1850, dans les colonies et possessions anglaises, du traitement national pour la navigation directe ou indirecte. Toutefois, ce droit pouvant leur être contesté, parce que les Iles Ioniennes ne sont pas, à proprement parler, une colonie anglaise, mais un Etat placé sous la protection de la Grande-Bretagne, nous avons cru devoir indiquer le taux des droits, tant pour les navires étrangers que pour les nationaux.

Droit d'ancrage. — Navires nationaux : 6 à 12 sh., suivant le tonnage; étrangers, 8 sh. 8 d. à 20 sh.

Droit de permis. — Nationaux, 2 à 4 sh.; étrangers, 6 pence en plus par navire.

Droit de santé. — Navires anglais : de 51 à 100 tonneaux, 12 sh.; de 101 à 150 tonneaux, 15 sh.; de 151 à 200 tonneaux, 18 sh.; de 201 tonneaux et plus, 19 sh. 6 pence.

Navires étrangers : suivant le tonnage, 15 sh., 18 sh., 19 sh. 6 d. ou 21 sh.

Montant des frais à payer par un navire de 150 à 200 tonneaux, faisant opération commerciale, arrivé en quarantaine sans la payer, 121 f. 50; prenant pratique, 153 f.; admis à la libre pratique, 45 f.

Droits de pilotage. — Il n'existe pas de tarifs; à *Corfou,* *Zante* et *Céphalonie,* il est d'usage de donner au pilote 1 sh. 6 pence à 2 sh. par jour, plus sa nourriture.

Monnaies, poids et mesures usités en Angleterre; de plus :

Livro grosso . . . . = 0 kilog. 480
Talaro . . . . = 5 f. 23 à 5 f. 30
Baril (de Venise) . . . . . . = 64 litres 384

ILES PHILIPPINES.

Droits de tonnage. — Navires déchargeant ou chargeant, 0 f. 46 par tonneau de France; autres, 0 f. 23 par tonneau.

MANILLE. — *Droit de port.* — 2 réaux par tonneau, la jauge étant calculée d'après les papiers de bord du navire ; ne payent que demi-droit les navires sur lest ou en relâche, qui ne font que se réparer ou s'approvisionner.

Droit de pilotage. — Les frais de pilotage varient de 12 à 20 piastres, suivant le tirant d'eau. Sont astreints à prendre un pilote, pendant la mousson de S.-O., les bâtiments qui tirent plus de 10 pieds d'eau (2 m. 79), et, pendant la mousson de N.-E., plus de 12 pieds (3 m. 35). (Règlement du 31 août 1857.)

Renseignements divers. — Le numéraire en usage à Manille se compose des *piastres* ou *pesos*, *réaux* et *granos*.

Le doublon vaut 16 dollars (96 f.).

Le dollar vaut 8 réaux ou 16 quintaux (6 f.).

Le réal vaut 12 granos (0 f. 75).

Le grano vaut 34 maravédis (0 f. 0625).

Les mesures et poids en usage sont les mêmes qu'en Espagne.

Le manifeste des cargaisons, établi en triple expédition, doit être déposé dans les trente heures qui suivent l'arrivée du bâtiment. — A *Cavite*, ce délai est de quarante-huit heures.

ILES SAINT-PIERRE ET MIQUELON.

DROITS ET TAXES ACCESSOIRES DE NAVIGATION,

	PILOTAGE.	TONNAGE.	FEUX.	SANTÉ.
BATIMENTS FRANÇAIS.	fr. c.	fr. c.	fr. c.	fr. c.
de 30 à 49 tonneaux............	6 75		10 »	10 »
de 50 à 149 —	11 »	0 fr. 25 par tonn.	10 »	10 »
de 150 et au-dessus...	13 50			

(*Tarif* du 27 décembre 1847.) — Les bâtiments pêcheurs ne payent le droit qu'une fois, à leur arrivée de France.

Droit d'amarrage aux corps morts de la rade. — 5 f. par jour. (Arrêtés des 17 novembre 1836 et 14 mai 1840.)

Location du ponton de carénage. — 0 f. 20 par jour et par tonneau de jauge. (Arrêté du 18 mars 1852.)

ILES SANDWICH.

Les bâtiments français jouissent, aux Iles Sandwich, du traitement de la nation la plus favorisée (Art. 8 du traité du 26 mars 1846.)

Droits de navigation à HONOLULU.—Règlement du 14 octobre 1834. — Aucun navire ne peut quitter le port sans avoir obtenu un certificat du capitaine de port, constatant l'exacte observation des règlements. Ce certificat se paye 1 dollar. (*Art.* 2.)

L'arrestation d'un déserteur se paye 6 dollars. (*Art.* 4.)

Les navires entrant dans le port pour se ravitailler ou pour réparer des avaries, payent, pour la grande rade, 6 cents par tonneau ; pour le port intérieur, 10 cents par tonneau ; pour les bouées, 2 dollars par bâtiment. (*Art.* 5.)

Les navires faisant le commerce payent, pour la grande rade, 50 cents ; pour le port intérieur, 60 cents par tonneau ; pour les bouées, 2 dollars.

Droits de pilotage.—A l'entrée comme à la sortie, 1 dollar par pied de tirant d'eau. (*Art.* 9.)

Les monnaies américaines des Etats-Unis sont à peu près les seules en usage.

ILES WALLIS.

Dispositions générales. — Un traité a été conclu, le 4 novembre 1842, entre la France et le roi des Iles Wallis, sans limitation de durée. Cet acte assure aux bâtiments français le traitement de la nation la plus favorisée. — Aucun *droit de tonnage* ne peut être exigé dans les Iles Wallis.

Les *droits de pilotage, ancrage, aiguade*, etc., ont été fixés, le 3 novembre 1842, aux taux suivants :

Pilotage. — Navires de 300 tonneaux et au-dessus, 12 piastres (64 f. 80); navires de moins de 300 tonneaux, 10 piastres (54 f.).

Ancrage et eau, sans l'aide des naturels. — 6 piastres (32 f. 40).

Droit d'approvisionnement de bois. — Le chargement d'une baleinière, coupé par les naturels, 2 piastres (10 f. 80) ; par l'équipage, 1 piastre.

Salaire des charpentiers-calfats. — 1 piastre 1/2 (8 f. 10) par jour, avec la nourriture.

INDE (Etablissements français dans l').

Le commerce direct entre les ports français de l'Inde et la France ne peut se faire que sous pavillon national. (Acte de navigation du 21 septembre 1793.)

Les navires de tout pavillon sont soumis aux droits ci-après :

Droits de tonnage et de manifeste. — Pondichéry, Karikal et Mahé, 0 f. 20 par tonneau. (Arrêté local du 15 septembre 1846.)

Droit de phare (1). — Pondichéry, 0 f. 15 par tonneau. (Arrêté local du 15 septembre 1846.)

---

(1) Les droits de *phare* sont dus, qu'il y ait ou non embarquement ou débarquement de marchandises, mais ils ne sont exigibles qu'une fois pour tout navire qui, dans les deux mois de son départ d'une rade française, se présentera sur la même rade ou se rendra sur celle d'un autre établissement français de l'Inde. (Arrêté du 2 juin 1856.)

Droit de batelage. — Pondichéry, 4 f. 88. (Arrêté du 14 août 1849.)

INDES NÉERLANDAISES.

Droit d'ancrage. — Bâtiments néerlandais : par last de jauge, 0 fl. 15 stuivers (1) (3 f. 48) par tonneau de France; bâtiments étrangers, 1 florin (4 f. 65) par tonneau.—Ce droit ne s'acquitte que deux fois pendant l'année.

Défense de sortir sans une expédition du capitaine de port, sous peine d'amende (4 f. 65 par tonneau). — Amende de 15 florins (31 f. 80) contre tout capitaine qui sort sans hisser son pavillon.

Java. — *Règlement de pilotage* dans le détroit de *Baly* (Est de Java). 23 octobre 1849.

De Banjoewangie au Nord ou retour :

Navires tirant 2 m. 00	=	30	florins	(63 f. 60)
—	2	50	=	35	—	(74 f. 20)
—	3	00	=	40	—	(84 f. 80)
—	4	00	=	45	—	(95 f. 40)
—	5	00	=	50	—	(106 f.)
—	6	00	=	60	—	(127 f. 20)
Plus de 6 mèt.	=	80	—	(169 f. 60)

Il est dû, en outre, 30 florins (63 f. 60), dans le cas où le pilote est emmené à Bézoukie.

Le service de pilotage dans le Sud donne droit à la perception de la moitié des sommes portées au tarif qui précède.

Les capitaines doivent, sous peine d'une amende de 25 florins (53 f.), délivrer au pilote un certificat des services rendus.

---

(1) Le stuiver = 0 fl. 106.

MONNAIES.

Florin d'argent = 2 f. 12; de cuivre, 1 f. 77.

INDES ORIENTALES ANGLAISES.

En vertu de l'acte anglais du 26 juin 1849, les pavillons étrangers jouissent, dans les colonies et possessions anglaises, du traitement national pour la navigation directe ou indirecte.

Un acte du Conseil législatif de l'Inde, auquel le gouverneur général vient de donner son assentiment (décembre 1857), a établi, à partir du 1er janvier 1858, des *droits de port* qui ne peuvent excéder les taux suivants :

A *Moulmein*, 4 annas (0 f. 63) par tonneau ;

A *Rangoon*, 6 annas (0 f. 94) par tonneau ;

A *Kyouk-Phioo*, *Akyab* et *Chittagong*, 4 annas (0 f. 63) par tonneau. (*Moniteur* du 14 mars 1858.)

MONNAIES.

Roupie sicca (16 annas)............ =	2 f.	50
Anna (12 pices) .... =	0	1562
Pice .... =	0	0130

Les transactions se règlent généralement en piastres et en cents américains.

A *Calcutta*, *Madras* et *Bombay*, la roupie courante = 2 f. 57.

IRLANDE.

Voir *Angleterre.*

ISLANDE ET ILES FÉROË

(POSSESSIONS DANOISES).

Les bâtiments français qui entrent dans les ports de ces

îles ne sont astreints qu'au payement d'un droit de 2 rigsdales (2 f. 80 à 3 f.) par last de commerce (6,000 livres). (*Lois danoises* des 15 avril 1854 et 29 juin 1856.)

LOUISIANE.

(Voir, pour les droits généraux de navigation, à l'article *Etats-Unis.*)

Droits de pilotage. — Navires calant 10 pieds, 2 dol. 50 par pied ; calant 12 pieds et plus, 3 dol. 50 par pied. (Acte du 13 mars 1848.)

DROITS LOCAUX.

Nouvelle-Orléans. — *Droits de port ou de levée.* — Navires au-dessous de 1,000 tonneaux, 25 cents par tonneau (1 f. 35).

Navires jaugeant 1,000 tonneaux et plus, 20 cents (1 f. 08) par tonneau.

Steamers. — 17 cents 1/2 par tonneau (0 f. 94). (Acte du 28 mai 1852.)

Droit du capitaine de port. — 3 cents (0 f. 16) par tonneau de jauge.

MALTE (Ile de).

Le *droit de tonnage* sur les bâtiments qui débarquent des marchandises dans l'île est uniformément fixé à 6 pence par tonneau.

Certificats revêtus du sceau de la douane. — Par pièce, 2 sh. 6 pence.

Droits de quarantaine. — Bâtiments jaugeant jusqu'à 25 tonneaux, 6 pence par jour ; de 26 à 50 tonneaux, 1 sh. ; de 51 à 100 tonneaux, 1 sh. 6 pence ; de 101 à 150 tonneaux, 2 sh. ; de 151 à 200 tonneaux, 2 sh. 6 pence ; de 201 à

250 tonneaux, 2 sh. 9 pence; de 251 tonneaux et plus, 3 sh. Pour chaque surveillant au lazaret, 2 sh. 6 pence par jour.

Droits d'ancrage et de phare. — Navires de 300 tonneaux et au-dessous, 1 f. 78 par 5 tonneaux.

Navires de plus de 300 tonneaux, même taux jusqu'à 300 tonneaux, et 0 f. 88 par chaque 5 tonneaux en excédant.

Droit de pilotage. — Entrée ou sortie, 0 f. 50 environ par tonneau. — Pilotage de la rade, 20 f.; et plus, si le temps est mauvais.

Remorquage. — 5 sh. par barque montée de quatre rameurs.

MARTINIQUE.

Tarif des droits de navigation auxquels sont soumis les bâtiments français à leur entrée dans un des ports de cette colonie :

Droit de tonnage. - Bâtiments français venant de l'étranger, savoir : navires armés au long cours ou au grand cabotage, avec chargement pour la consommation ou

l'entrepôt..................................... 2 fr. 90 par tonn.
avec 2/3 de chargement en bois.......... 1   60   —
sur lest................................... »   20   —

Sont exempts de ce droit les bâtiments venant de France ou des possessions françaises. (*Loi du 29 avril 1845 et ordonnances du 18 octobre 1846.*)

Permis de chargement et de déchargement par bâtiment : 5 fr.

Droits sanitaires. — Bâtiments de toute provenance : de 100 t. et au-dessous : 6 fr.; de 100 tonn. à 150, 9 fr.; de 150 à 200 : 12 fr.; de plus de 200 tonn. : 15 fr.

Droits de pilotage. — Bâtiments français venant de France, de 61 à 100 tonn. : 43 fr. 75; venant de l'étranger, 52 fr. 50; de 101 à 150 tonn. : 52 fr. 50, dans le premier cas, et 78 fr. 75 dans le second; de 151 à 200 tonn.; 70 fr. et 96 fr. 25; de 201 à 250 tonn., 87 fr. 50 et 113 fr. 75; 251 à 300 : 105 fr, et 131 fr. 35; 301 à 350 : 122 fr. 50 et 148 fr. 75; 351 et au-dessus : 140 fr. et 166 fr. 25. (*Décret colonial du 4 septembre* 1847.)

Lorsqu'un navire a payé tous les droits de navigation dans un port, il doit être assujetti de nouveau au droit de pilotage dans un autre port, où il entre pour embarquer des passagers, s'il prend un pilote pour venir au mouillage. (Dépêche du 24 avril 1840.)

Droit de mouillage provisoire. — Pendant 3 jours seulement sur chaque rade de la colonie : 11 fr. — Cette taxe est spéciale aux navires qui se rendent à la Martinique seulement pour essayer le marché. Elle est applicable, *à l'exclusion de toutes autres taxes,* aux bâtiments en relâche forcée dûment justifiée, qui ne font pas opération de commerce. (*Arrêté du 2 janvier* 1849.)

Droit de jaugeage. — Lorsqu'il y a lieu de procéder à cette opération : bâtiment de 50 à 75 tonn., 50 fr.; par chaque tonneau en sus de 75 : 1 fr. 10.

Droit d'amarrage sur les corps morts à Saint-Pierre. — Bâtiment armé au long cours : 20 fr. (*Décret colonial du 4 septembre* 1847.)

Droit de phare, sur tout navire arrivant à Fort de France : navire armé au long cours, 10 fr.; caboteur, 3 fr.

MARYLAND.

(Voir à l'article *États-Unis,* pour les droits de tonnage, monnaies, etc.)

BALTIMORE. — Aux termes d'un acte du 29 avril 1852, le pilotage est facultatif et se règle de gré à gré entre les capitaines et les pilotes. Cependant, il nous a paru utile, afin de guider les capitaines dans leurs conventions, d'indiquer le tarif en vigueur avant l'apparition de cet acte.

Voici quels étaient les droits dans la *baie de Chesapeake*. De *la mer à Baltimore*, 4 dollars par pied de tirant d'eau; de *Baltimore à la mer* : 3 dollars; de l'*embouchure de Potomack à Georges Town* et *vice versâ* : 20 0/0 en sus des prix indiqués. Du 1er décembre au 31 mars : 1 dollar supplémentaire par pied. Les bâtiments étrangers payaient un tiers en sus.

MASSACHUSSETS (ETAT DE).

(Voir pour les droits généraux de navigation, monnaies, etc., à l'article *Etats-Unis*.)

SALEM, MARBLE-HEAD, GLOUCESTER, PLYMOUTH ET BOSTON.

Tout bâtiment étranger est tenu de prendre un pilote pour l'entrée ou la sortie de ces ports ou d'acquitter la totalité des droits.

NEW-BEDFORD. — A l'entrée, 3 dollars et à la sortie 1 dollar par pied; les navires qui ne prennent pas de pilote payent moitié des droits.

BAIE DE BOSTON.—Pilotage dans le *Vineyard sound*, au-dessus des *Nantucket shoals*, jusqu'au port de destination dans la baie ou à l'est de cette baie. *Du 1er avril au 31 octobre*, navires tirant moins de 11 pieds, 2 dollars 50 par pied; de 11 à 14 pieds, 3 dollars; de plus de 14 pieds, 3 dollars 50. *Du 1er novembre au 30 mars*, les droits sont augmentés d'un dollar par pied.

Le pilote déposé à la côte a droit, en sus, à l'indemnité ci-après : entre le *cap Ann* et *Portsmouth*, 5 dollars; à l'*est de Portsmouth*, 10 dollars.

MAYOTTE ET DÉPENDANCES.

Ces établissements sont placés sous le régime de la franchise. (*Instruction ministérielle du 12 mai 1843.*)

MEXIQUE

Les navires français jouissent, dans les ports du Mexique, du traitement de la nation la plus favorisée, lequel équivaut en fait au traitement national. (*Déclaration du 8 mai 1827 et art. 3 du traité du 9 mars 1839.*)

Une loi d'avril 1843 (*art. 41 et 42*) a fixé à 12 réaux (7 f. 50) par tonneau les *droits généraux* de navigation à acquitter dans les ports du Mexique ; *les droits d'ancrage* ont été en même temps supprimés.

Les baleiniers n'acquittent pour *droits de tonnage et de permis* que 30 piastres (150 fr.). (*Loi du 19 mai 1844.*)

Vera-Cruz.—Les droits de navigation, dans ce port, ont fa l'objet de dispositions spéciales dont l'analyse est indiquée ci-après :

Droits de tonnage, par tonneau 1 piastre 50/100 (7 fr. 50)

— . *d'aiguade* (que l'eau soit prise ou non)
    par tonneau, 12 cent. 1/2.............. (0   625)

Pilotage (droit fixe d'entrée et de sortie), 34 p. 50 (172 f. 50)
Registre (droit d'ouverture du)......... 8   (40   »)
Patente de santé (prise ou non)........ 4   (20   »)
Totalité des droits pour un navire de
    2 00 tonneaux..................... 371 50 (1857 f. 50)

Tampico. — Les droits de pilotage de la barre de Tampico sont fixés à une piastre par tonneau et à 2 piastres par pied de tirant d'eau, plus 6 piastres de gratification au pilote. Il est payé un supplément de 30 piastres, si la barre ne peut être franchie avec une allége et qu'il faille en employer deux.

Remorquage, 30 piastres, à l'entrée comme à la sortie.

Dans les autres ports, les droits auxquels donne lieu un service rendu (*pilotage, aiguade*) sont fixés comme suit :

Pilotage, à l'entrée : 15 piastres 4 réaux (77 fr. 50) ; à la sortie : 19 p. (94 fr.).

Aiguade : un réal (0 f. 625) par tonneau.

MONNAIES, POIDS ET MESURES.

Monnaies.

Piastre (8 réaux) = ... 5 f.
Réal (12 cent. 1/2) = ... 0   625
Centième = ... 0   05

Mesures de longueur.

Vare (3 pieds) = ... 0^m 838
Pied (12 pouces) = ... 0   2793
Pouce (12 lignes) = ... 0   02327
Ligne = ... 0   00194

Poids.

Quintal (4 arrobes) = ... 46^k
Arrobe (25 livres) = ... 11   500
Livre (16 onces) = ... 0   460
Once (16 drachmes 1/2) = ... 0   02875

Mesures de capacité.

Ochavo = ... 75^{lit} »
Arrobe = ... 16   074

Pour les liquides et les grains, le tarif officiel des douanes indique expressément le poids comme base unique des liquidations.

NEW-YORK ET NEW-JERSEY (États de).

(Voir, pour les *droits généraux* de navigation, monnaies, etc., à l'article *États-Unis*)

Droits de pilotage. Navires tirant moins de 14 pieds d'eau, 2 dollars ; de 14 à 18 pieds, 2 dollars 50 ; de plus de 18 pieds, 3 dollars.

Du 1er novembre au 31 mars, les droits sont fixés à 2 ou à 4 dollars, par pied, suivant que le navire tire moins ou plus de 10 pieds d'eau. Les étrangers non assimilés payent un quart en sus.

Les droits ci-dessus sont exigibles de tout bâtiment conduit par le pilote jusqu'à *Sandy-Hook*. Le pilote doit, d'ailleurs, être congédié dans les 24 heures qui suivent l'arrivée au mouillage.

Moitié seulement du droit est due au pilote qui n'a conduit un bâtiment que de *l'O. de la bouée blanche au port*, ou qui n'en a pris la direction qu'au sud du banc supérieur du milieu (*upper middle ground*).

Il est dû 1/4 de pilotage en sus au lamaneur qui prend la conduite d'un bâtiment, hors de vue du phare de *Sandy-Hook*.

NORWÉGE.

V. *Suède*.

NOUVELLE-GRENADE.

Aux termes du traité du 15 mai 1856, les bâtiments français sont assimilés aux nationaux, en matière de payement de droits de *tonnage, phare, pilotage*, etc. Ils peuvent aussi faire le cabotage.

Le droit unique de navigation à percevoir dans tous le ports de la Nouvelle-Grenade, est fixé comme suit :

Navires de 100 tonneaux et au-dessous, 2 f. par tonneau au-dessus de 100 tonneaux, 1 f. par chaque tonneau en sus.

Sont affranchis de ce droit les navires *sur lest destinés à prendre chargement dans les ports nationaux*, ainsi que ceux qui ont à bord *plus de 50 émigrants;* le payement n'en est, d'ailleurs, exigible qu'au port *de prime abord.* (*Loi du* 25 *juin* 1856.)

MONNAIES. — Les monnaies d'or et d'argent de tous pays sont reçues pour leur valeur dans les ports de la Nouvelle-Grenade, où le système métrique est d'ailleurs en usage depuis le 8 juin 1853.

Le piastre nouveau (peso)........	=	5 f.	»
Le réal (1/10 de peso)..........	=	»	50
Le piastre ancien (8/10)........	=	4	»
Condor (10 piastres)...........	=	50	»
1/2 condor (5 piastres).........	=	25	»
1/5 de condor (2 piastres).......	=	10	»

OLDENBOURG.

BAIE DE LA JAHDE (Entrée du Wéser). — *Droit de tonnage,* affecté à l'entretien des balises : par last de contenance (31 hectol. 500), 8 grotes d'or à 0 f. 0575 = 46 centimes.

PANAMA (ETAT DE).

Voir, pour les *droits généraux*, à l'article *Etats-Unis*.

DROITS LOCAUX.

ASPINWALL (Entrée de la baie de Colon).—Acte de novembre 1857, rendu à New-York.

Droit de môle :

			par jour.
Navires de 50 à 100 tonneaux.......			1 dol. 50
— 100 à 150	—	....	2 25
— 150 à 200	—	....	2 50
— 200 à 250	—	....	3 »
— 250 à 300	—	....	3 25
— 300 à 350	—	....	3 50
— 350 à 400	—	....	3 75

Au delà de 400 tonneaux, la même somme de 3 dol. 75, plus 1 dol. 25 par chaque 50 tonneaux en sus.

Droit de phare :

Navires de 100 tonneaux .... 1 dollar.
—   100 à 200 tonneaux...... 3   —
—   200 à 300   —   5   —
—   300 et plus............. 7   —

Ces droits sont calculés d'après le tonneau de jauge américain. Ils peuvent être payés en pièces d'or françaises de 20 f., équivalant à 3 dol. 80 ; en souverains anglais (4 dol. 85), en pièces de 5 f. (95 cents) ou en monnaies des États-Unis. .

Droit sur les passagers. — Tout navire arrivant dans un port de la province de Panama, ou en partant, avec des passagers, doit acquitter un droit de 10 p. 0/0 sur son bénéfice net, calculé à raison de 10 piastres (50 f.) par passager.

Sont exempts de droits de tonnage, ancrage, entrée, capitainerie, etc., les navires qui arrivent sur lest ou chargés de métaux précieux, de lettres ou de passagers.

PARAGUAY.

La France et le Paraguay ont conclu, le 4 mars 1853, *pour six ans*, à dater du 30 janvier 1854, un traité de commerce et de navigation qui contient les dispositions suivantes :

1° Concession par la république du Paraguay au pavillon marchand de la France, de la libre navigation du *Rio-Paraguay* jusqu'à l'*Assomption* et de celle de la rive droite du *Parana*, depuis le point où elle lui appartient jusqu'au bourg de l'*Incarnation* ;

2° Faculté pour les Français d'entrer et de sortir avec leurs navires et cargaisons dans tous les lieux et points ci-dessus, d'y charger, décharger, etc. ;

3° Traitement national réservé aux navires français, quant

aux *droits de tonnage, de phare ou de port, de pilotage, de sauvetage,* en cas d'avarie ou de naufrage, ou à raison de toute autre charge locale. — Même traitement quant aux droits qui affectent les cargaisons.

Patente de navigation. — Navires de 101 tonneaux et au-dessus, 54 réaux (monnaie chilienne).

PAYS-BAS.

Observations générales. — L'article 2 du traité du 25 juillet 1840, conclu entre la France et les Pays-Bas, assurait aux navires français, faisant *l'intercourse direct* entre les deux pays, *avec chargement,* ou venant *sur lest d'un port quelconque,* le traitement des navires néerlandais dans les Pays-Bas en ce qui concerne le *droit de tonnage ;* quant aux autres charges qui pèsent sur le corps du bâtiment, les navires français jouissaient, pour la navigation directe, du traitement national.

Une déclaration signée le 27 avril 1852 a établi la complète assimilation des pavillons respectifs, en ce qui concerne les droits de *pilotage,* sans distinction aucune quant à la provenance ou à la destination directe ou indirecte des navires chargés ou sur lest.

Enfin, par suite d'un arrangement en date du 14 décembre 1857, modificatif du traité de 1840, les navires français *chargés ou sur lest, venant d'un pays quelconque et quelle que soit leur destination,* à la sortie des ports néerlandais, *ont été assimilés aux navires nationaux* pour le payement des taxes de navigation de toutes sortes. — Cette mesure a eu son effet à partir du 1er janvier 1858.

PHARES, BOUÉES ET BALISES. — Une loi du 24 août 1849 a fixé le taux et le mode de perception en Hollande des droits de *phare, bouées et balises.* — Ce droit est *extérieur* (entrée et sortie des passes et des ports de mer) ou *intérieur* (navigation dans les rivières et canaux).

Le droit extérieur, basé sur le tonnage, varie en raison des lieux de provenance et de destination.

Chaque navire, à l'entrée ou à la sortie, à *chaque* voyage et pour *chaque tonneau* de jauge, est tenu d'acquitter le droit fixé par le tarif suivant :

1° D'un port situé à l'E. du cap de Bonne-Espérance ou à l'O. du cap Horn.................... 20 cents (0 f. 424).

Pour cette destination.......... 10 — (0 f. 212).

2° De la côte O. d'Afrique, de la côte E. d'Amérique, des îles Caraïbes ou du cap Vert................. 16 — (0 f. 33,92).

Pour ces destinations........... 06 c. 1/2 (0 f. 13,84).

3° D'un port du détroit de Gibraltar, de l'une des mers auxquelles ce détroit donne accès .... 12 cents (0 f. 25,44).

Pour ces destinations.......... 0,04 c. 1/2 (0 f. 09,54).

4° Des ports (non compris dans la section précédente) d'Espagne, de France, de Portugal, des îles Açores, des Canaries, de Belgique, de la Grande-Bretagne et îles voisines... 0 c. 09 1/2 (0 f. 20,14).

Pour ces destinations.......... 0 c. 03 1/2 (0 f. 07,42).

5° D'un port d'Allemagne, de Danemark, de Suède, de Russie, des mers Baltique, Blanche, et golfes qu'elles forment .... 0 c. 07 (0 f. 14,84).

Pour ces destinations.......... 0 c. 03 (0 f. 06,36).

6° D'un port néerlandais .... 0 c. 05 (0 f. 10,60).

Pour cette destination.......... 0 c. 03 (0 f. 06,36).

Ne payent que la *moitié* des droits ci-dessus : les navires en relâche dûment constatée et les navires sur lest. En sont exempts : les bateaux-pilotes étrangers ; les bateaux-pêcheurs , les remorqueurs.

Droit intérieur. — Le taux du droit intérieur de *phare*, etc., change suivant l'espèce des bâtiments, l'importance des feux. bouées, balises, et les localités où ils sont établis.

Voici le tarif pour quelques-uns des ports :

Le Texel et Nieuwe-Diep (Helder), par tonneau, 0 fl. 02 (0 f. 0424) ; *Amsterdam*, 0 fl. 01 1/2 (0 f. 0318) ; *Rotterdam*, 0 fl. 00 1/2 (0 f. 0106).

Jaugeage. — Pour déterminer les bases qui doivent servir à la perception des droits de phare, la loi du 14 juin 1855 a prescrit que les bâtiments arrivant dans les ports des Pays-Bas seraient jaugés par des employés spéciaux.

Droit de tonnage. — Ce même acte á supprimé les *droits de tonnage*, qui, aux termes de la loi du 8 avril 1850, étaient fixés à 0 f. 954 par tonneau à l'entrée, et autant à la sortie, pour le premier voyage effectué dans l'année.

DROITS LOCAUX.

AMSTERDAM. — Pilotage (1) (entrée et sortie), 28 florins.
Phares et balises, 19 florins 50/100.
Jaugeage, 2 florins.
Certificat de jaugeage, 1 florin.
Tonnage (pour mémoire), 45 florins.

---

(1) Par un arrêté du 7 février 1852, les droits de pilotage ont été, dans tous les ports du royaume, réduits de 20 p. 0/0 pour les navires à voiles, de 25 p. 0/0 pour les navires remorqués, et de 50 p. 0/0 pour les vapeurs.

Un projet de loi en ce moment soumis aux Etats généraux modifie complétement les règlements en vigueur. — Les droits de pilotage seraient désormais perçus d'après le tirant d'eau et non plus d'après le tonnage. Des diverses combinaisons du tarif proposé résulterait une nouvelle diminution de 25, 30 et 40 p. 0/0, suivant l'espèce des bâtiments.

Ces prix sont calculés pour un bâtiment de 100 tonneaux.

Droits d'écluse (pour passage dans un bassin ou dans un canal). — Navires de 10 à 60 tonneaux, 0 fl. 05 par tonneau; de plus de 60 tonneaux, 0 fl. 055.

Droits de port. — Navires chargés de bois, 0 fl. 05; les autres, 0 fl. 10.

Rotterdam.—Pilotage (1) (entrée et sortie), l'été, 51 fl. 50; l'hiver, un quart en sus.

Phares et balises, 14 fl. 50.

Jaugeage, 7 fl. 60.

Tonnage (pour mémoire), 45 florins.

Droits de port et d'écluse. — Le règlement n'indique pas le tarif.

Ces prix sont calculés pour un bâtiment de 100 tonneaux.

Flessingue. — *Droit de port.* — A chaque entrée, 0 fl. 05 par tonneau. — Exemption pour les navires rentrant au port en relâche forcée. — Ne payent que *demi-droit* les bâtiments qui ne séjournent pas au port plus de deux fois vingt-quatre heures et qui n'opèrent ni chargement ni déchargement. La même faveur est accordée aux bâtiments à vapeur affectés à un service régulier, lorsqu'ils restent au port moins de vingt-quatre heures.

Droits de navigation intérieure pour les navires qui fréquentent plusieurs fois par an le port militaire de Flessingue. — Bâtiments de 20 à 40 tonneaux, 2 fl. 50; de plus de 40 tonneaux, 4 fl.; bateaux-pêcheurs, 0 fl. 75.

Droits d'écluse. — Passage dans l'un des bassins de la marine : entrée, 5 cents; sortie, 3 cents, par tonneau de jauge. (*Arrêté* du 15 mai 1855.)

Nieuwe-Diep ou Nieudiep.—*Droits de port.* — 0 fl. 03 1/2

---

(1) Voir le renvoi à l'article Amsterdam.

par tonneau, excepté en cas de relâche forcée après une sortie ; de plus, 20 *florins* par radeau de bois déchargé et passé par l'écluse marchande de *Nord-Hollande*. — Les bâtiments qui ne séjournent pas deux fois vingt-quatre heures ne payent que moitié des droits. Même exception qu'à Flessingue pour les vapeurs ; mêmes droits pour la sortie et l'entrée des bassins.

HELLEVÖETSLUIS. — Mêmes *droits de port, d'écluse*, etc., qu'à Flessingue.

TEXEL. — La totalité des frais pour un navire entré avec chargement est de 5 florins (10 f. 60) par last de 2 tonneaux. Il faut tenir compte maintenant de la réduction des droits de pilotage.

MONNAIES, POIDS ET MESURES.

Monnaies.

Florin . . . . = 2 f. 12
Centième . . . . = 0   0212
47   d° . . . . = 1

Mesures de capacité.

MARCHANDISES SÈCHES :

Rasière (mudde) . . . . = 100 lit.
Litron (kop) . . . . = 1
Lest (last) . . . . = 3,000

LIQUIDES :

Baril (vat) . . . . = 100 lit.
Litron (kan) . . . . = 1
Verre (maatze) . . . . = 0   10
Tonneau (tonne) . . . . = 150 à 153
Bouteille . . . . = 0 lit. 862

Mesures linéaires.

Aune ou Elle (10 palmes)............ = 1 mèt.
Palme (10 pouces) .... = 0   10
Pouce (dunne) .... = 0   01

Poids.

Livre (pond) .... =   1 kilog.
Tonneau de mer (poids et encombre-
   ment)........................ = 1,000
Canastre (300 liv.) .... =   300
Cranjang (200 liv.)............... =   200

Mesures de solidité.

Aune cube...................... = 1 mèt. cube.
Tonneau de mer (jauge), 1 aune 1/2 cub. = 1 m. c. 500

PENSYLVANIE.

(Voir, pour les *droits généraux* de navigation, monnaies,
etc., à l'article *États-Unis*.)

Droits de pilotage. — Des caps de la Delaware (*caps Mary
et Henlopen*) à Philadelphie, ou de Philadelphie aux caps :
bâtiments américains, par demi-pied de tirant d'eau : à l'entrée, 1 dol. 33 ; à la sortie, 1 dol. jusqu'à 12 pieds inclusivement ; au-dessus de 12 pieds, 1 dol. 67 à l'entrée et 1 dol. 33
à la sortie. — Du 20 novembre au 10 mars, il est perçu pour
chaque pilotage une taxe additionnelle de 10 dol.

Navires étrangers, 2 dol. 67 de plus que les bâtiments nationaux.

A la sortie, il est perçu un droit supplémentaire de 6 cents
par tonneau, dont le produit est affecté à l'amélioration de la
navigation et aux émoluments de l'inspecteur du pilotage.

Est tenu de prendre un pilote, à l'entrée comme à la sortie,
tout bâtiment de plus de 75 tonneaux. (Amende de 60 dol. en
cas de refus.)

Les pilotes sont divisés en trois classes. Ils ont droit, lorsqu'ils sont retenus à la mer par force majeure ou autre, ou quand ils sont emmenés au large avec le navire, savoir :

Les pilotes de 1re classe, au traitement de capitaine.

— de 2e classe, — de premier maître.

— de 3e classe, — de matelot.

Le pilote qui, pour une cause quelconque, ne peut conduire le navire à Philadelphie, mais seulement à un ancrage hors de la rivière, a droit à la totalité du pilotage, plus 8 cents par mille (1 kil. 852) de frais de retour. Celui qui est retenu à bord d'un navire en quarantaine reçoit 2 dol. par jour. Le pilotage est double pour les bâtiments désemparés, dont la manœuvre exige des soins particuliers.

Droits du capitaine de port — 1 dol. par bâtiment. — Exemption en cas de relâche.

Droits du bureau de santé. — Bâtiments venant de l'Amérique du Nord ou de la partie septentrionale de celle du Sud, jusqu'à l'Amazome, 5 dol. ; d'Europe, de la côte d'Afrique et des îles adjacentes ou des côtes d'Amérique, au Sud de l'Amazone, 10 dol. ; de tout autre lieu, 20 dol.

PÉROU.

DROITS GÉNÉRAUX DE NAVIGATION (*Ancrage, tonnage, curage, capitainerie de port*).—Bâtiments nationaux, 2 piastres par chaque 50 tonneaux de 920 kil. (46 tonneaux de jauge).

Permis de navigation. — Droit à payer au port de prime abord 12 piastres.

DROITS SPÉCIAUX. — ARICA (1), CALLAO, PAÏTA, SAN JOSÉ DE LAMBAYÈQUE, ISLAY et HUANCHACO.

---

(1) A Arica, il est encore perçu un *droit de môle* de 1 piastre par caisse de minerai embarqué, et de 1 réal par colis d'autres marchandises.

Curage et ancrage. — 5 piastres par embarcation.

Capitainerie, rôle et santé.—5 piastres, payables à chaque escale.

Tonnage. — 2 réaux par tonneau, payables au port de prime abord.

Baie de Tumbès ou Tumbos (golfe de Guayaquil). — Cette baie est ouverte aux baleiniers, moyennant payement des droits d'ancrage, de capitainerie, de rôle et de santé. Ces navires sont autorisés à vendre, pour se procurer des vivres ou autres provisions, une partie de leur chargement d'huile, jusqu'à concurrence d'une valeur de 200 piastres.

Dans les autres ports, les baleiniers, ou les navires qui pêchent le loup-marin, n'acquittent que le droit de visite de la santé, à moins qu'ils ne débarquent et vendent pour plus de 200 piastres de produits de leur pêche, auquel cas ils ont à payer les droits de tonnage et autres.

Mêmes monnaies, poids et mesures qu'au Chili.

PORTUGAL.

Les relations de navigation entre la France et le Portugal ont été réglées, en dernier lieu, par le traité du 9 mars 1853, promulgué par décret du 27 décembre suivant, et conclu pour *six* années, à partir du 24 janvier 1854. — Cet acte assure à nos bâtiments le traitement national en Portugal, quant aux droits de tonnage et autres affectant le corps du navire, si ces bâtiments viennent *chargés directement d'un port de France ou sans chargement d'un port quelconque.* — Aux termes du même traité, sont affranchis des droits de tonnage et autres analogues : 1° les bâtiments qui, arrivés sur lest de quelque lieu que ce soit, repartent sur lest; 2° ceux qui, passant d'un port de Portugal à un autre port du même État, justifient avoir déjà acquitté ces droits; 3° les bateaux à vapeur affectés au service de la poste, des voyageurs et des bagages, et ne faisant aucune opération de commerce ; 4° les navires qui, entrés avec chargement dans un port, soit volontairement, soit en relâche, en sortent sans avoir fait opération de commerce. — Le traitement national est aussi accordé en Portugal aux navires à vapeur affectés à un service régulier et faisant escale à *Porto* ou à *Lisbonne*. — Les navires français sont, d'ailleurs, traités comme portugais en ce qui concerne les placement, chargement, déchargement et formalités quelconques dans les ports du Portugal.

Droit d'ancrage. — Les navires étrangers qui *sortent* des ports du royaume acquittent un droit de 500 réis (3 f. 12), par tonneau de jauge portugais ; ceux qui sortent chargés de produits du sol ou de l'industrie portugaise ne payent que 300 réis (1 f. 87) par tonneau de jauge. Ce droit est de 200 réis (1 f. 25) si les navires sont entrés sur lest Sont exempts de droits les navires qui exportent un chargement de sel ou de grains. (Actes des 28 août 1840 et 11 avril 1839.)

Les navires qui, après payement des droits, sortent sur lest pour un des ports du royaume et y prennent une cargaison de produits du pays, ont droit au remboursement de la *moitié* des droits qu'ils ont payés à leur première échelle.

Les navires portugais ou y assimilés, qui se trouvent dans les cas ci-dessus spécifiés, ne payent que la moitié des droits indiqués.

Droits de pilotage. — Tout navire obligé, après avoir reçu un pilote, de prendre le large pour relâcher sur un autre point, doit à ce pilote 800 réis par jour et la ration de bord. — Aucun navire ne peut entrer ou sortir sans un pilote. Aucune indemnité n'est due pour avaries sur le mouillage à un navire qui n'a pas été amarré par un pilote. Les vapeurs ne payent que les 3/5 des prix indiqués aux tarifs locaux.

DROITS LOCAUX.

PORTO. — *Droit d'ancrage.* — (Voir plus haut.)
Patente de santé. — 1,640 réis.
Visite de la douane. — 3,230 réis.
Visite de la police. — 1,200 réis.
Droit d'entrée de la barre du Douro. — 100 réis par tonneau.

Droits de feux. — 50 réis par tonneau.

BARRE DU DOURO. — *Droits de pilotage.* — Tous les navires, sauf les petites embarcations, sont tenus de prendre, hors de la barre, un pilote surnuméraire. (Art. 13 du règlement du 12 mai 1841.)

Les droits de pilotage pour l'entrée ou la sortie des navires, dans les cas ordinaires, sont fixés comme suit : petites embarcations, 800 réis (5 f.); chasse-marées, 1,200 réis (7 f. 50); vapeurs, 2,400 réis (15 f.); sloops, 3,500 réis (22 f.); trois-mâts, goëlettes, bricks, 4,000 réis (25 f.).

Il est dû, en outre, à chaque bateau-pilote, y compris l'équipage, 2,400 réis (15 f.); au bateau du pilote surnuméraire, 1,200 réis (7 f. 50); à chaque pilote, par jour hors de la barre, 800 réis (5 f.).

La rétribution due, dans les cas extraordinaires, au bateau-pilote hors de la barre, est fixée en raison de la difficulté du pilotage ou du danger couru.

LISBONNE. — *Droits de pilotage.* — *Barre de Lisbonne.* — Le service du pilotage de la barre est confié à deux compagnies de pilotes : l'une (*les pilotes de l'arsenal*) chargée de conduire les navires sortant du port, jusqu'en dehors de la barre, et ceux qui sont entrés en rivière, depuis Belem jusqu'au mouillage; l'autre (*les pilotes de Barreire, Seixal et Olivaès*) chargée de les conduire, à l'entrée, d'en dehors de la barre à la tour de Bélem.

Le pilotage de *Bélem* au mouillage est fixé à 1,800 réis. — Tout navire, qui emploie un pilote pour changer de place, paye 2,000 réis. Le pilote retenu à bord, à l'entrée, a droit à 600 réis par jour ; à la sortie, il lui est payé, en sus du pilotage et de la ration, 800 réis par jour jusqu'à son retour à Lisbonne. Pour les pilotes de la compagnie d'entrée, le salaire par chaque navire conduit est de 400 réis par jour et la ration ; plus, 1,400 réis de gratification.

Le navire destiné pour Lisbonne qui, abordé par le pilote de service *à une lieue du cap Roca ou du cap Espichel*, consent à le recevoir, doit, outre le pilotage ordinaire, 200 réis par chaque pied de tirant d'eau. Le capitaine n'est pas tenu de le prendre avant d'être par le méridien du *cap Raso*.

Les droits de pilotage, à l'entrée et à la sortie, sont fixés comme suit en raison du tirant d'eau :

Jusqu'à 10 pieds anglais (0 m. 3048)......	600 réis.
De 11 à 15..............................	800
De 16 à 20..............................	1,000
De 21 et plus...........................	1,200

Le navire venant d'un port suspect et, dès lors, sujet à quarantaine, doit au pilote qui l'a conduit à l'entrée 600 réis par jour, pendant qu'il reste à bord. Le même salaire est dû à ce pilote pendant son séjour au lazaret, si le navire reprend la mer avant d'être admis à la libre pratique.

Droit d'ancrage. — (Voir *plus haut.*)

Droit de visite de la santé. — 4,280 réis pour un bâtiment de 200 tonneaux.

Droit du capitaine de port. — 800 réis.

Droit de ville. — 84 réis par tonneau, plus, 24 pour cent et 440 réis pour le greffier, pour les navires entrant et sortant avec chargement.

56 réis, plus, 24 p. 0/0 et 440 réis (greffier) pour les navires entrés sur lest et sortis chargés ou inversement,

Les navires sur lest ne payent que les honoraires du greffier (440 réis).

Droit de feux. — Navires chargés entièrement de produits portugais, 56 réis par tonneau. Chargés au delà de moitié, 100 réis ; chargés de moins de moitié, 150 réis.

Sétuval. — **Droit de pilotage.** — Entrée, 5,230 réis ; sortie, 4,800 réis. Le pilotage est facultatif.
Droit de la santé. — 4,500 réis ; — *de la douane,* 2,640 réis.

Ancrage. — (Voir *plus haut.*)
Droit de feux. — 50 réis par tonneau.
Passe-port. — 10,960 réis.
Droit des officiers de port. — 4,980 réis.

Faro. — **Droit de pilotage.** — Entrée, 6,000 réis et autant à la sortie. Le pilotage est facultatif.
Droit de la santé. — 4,350 réis ; — *de la douane,* 2,200 réis.
Ancrage. — (Voir *plus haut.*)
Capitainerie du port. — 400 réis.
Laissez-passer du gouverneur. — 1,500 réis.

MONNAIES, POIDS ET MESURES.

Monnaies.

Réal................................ =	0 f.	00625
— de Madère..................... =	0	0054
Milréis............................. =	6	25
Conto de réis..................... =	6250	»

Mesures de capacité.

LIQUIDES.

Almude (12 canadas) .... =	16 lit.	5408

Canada (4 quartilhos)................ = 1 lit. 3784
Quartilho...................... = 0 3446
Pipa (30 almudes) .... = 496 224

MARCHANDISES SÈCHES.

Alqueire .... = 13 lit. 800
Moïo (60 alqueires)........ .... = 828

Poids.

Livre (arratel), 2 marcs......... = 0 kil. 4589
Marc (8 onces) .... = 0 2294
Once .... = 0 02868
Arrobe (32 livres)............... = 14 685
Quintal (4 arrobes)............. = 58 740
Tonneau de fret................ = 1092 879

Mesures de longueur.

Vare (5 palmes)................ = 1 m. 100
Pied (12 pouces)............... = 0 330
Palme (8 pouces) .... = 0 220
Pouce .... = 0 0275
Legoa (lieue), de 18 au degré, ou
18,709 pieds................ = 6 kil. 174

Superficie.

Pouce carré.................... = 0 décim. 0756

Mesures de solidité.

Pied cube..................... = 35 décim. ^{3} 937
Palme cube.................... = 10,648 ^{3}
Tonneau de jauge.............. = 1 mèt ^{3} 065

PRINCIPAUTÉS DANUBIENNES.

GALATZ. — *Droits de port.* — Mouillage, par navire, 30 piastres ; gardien de santé, pour cinq jours, 5 piastres par jour.

IBRAÏLOF. — Mêmes frais de port, à peu près, qu'à Galatz.

MONNAIES ET MESURES.

Piastre (40 paras).........	=	0 fr. 33 à 0 fr. 36
Para......................	=	0 008 1/2 à 0 f. 009
Vedro (10 oques).........	=	14 litres.
Oque (poids)..............	=	1 kil. 276 à 1 kil. 500
Quilo (10 barmitzas) en Moldavie.		4 hectogr. 25
d° en Valachie.		8 — 67

PRUSSE.

DANTZIG. — *Droits de port, pilotage de mer, phares et feux compris.* — Navires avec chargement entier, par last, 11 gros à l'entrée et autant à la sortie.

Navires sur lest ou avec 1/4 de chargement au plus, 5 gros 6 pfennigs, à l'entrée comme à la sortie.

Les navires qui restent sur rade payent par last, savoir :

S'ils changent leurs papiers dans le port.... 5 gros 6 pf.

S'ils chargent seulement ou déchargent.... 11   »

S'ils prennent du lest ou se débarrassent de celui qu'ils ont à bord...................... 5   6

S'ils chargent ou déchargent par alléges la totalité de leur chargement, 11 gros à l'entrée et autant à la sortie.

S'ils chargent ou déchargent 1/10 seulement de leur cargaison, 11 gros.

Droit de lestage. — Au préposé chargé de surveiller ce qui concerne le lest, par navire, 8 gros ; aux ouvriers employés au transport du lest, 7 gros par last de lest (4,000 liv.=1,870 kil. 80). Le droit de lestage ne se perçoit pas en rade, dans le port ni sur la Vistule, mais seulement dans les eaux intérieures qui commencent au *Blockhaus*, près duquel *la Mottlau* se réunit à la *Vistule*, et aux fossés qui communiquent avec cette rivière.

Droit de carénage. — Par last, 1 gros.

Droit de grue. — Pour abattre ou hisser un mât, navire portant plus de 200 lasts, 8 thaler ; de 200 à 150 lasts, 6 th. 20 gr. ; de 150 à 100, 5 th. ; de 100 à 50, 3 th. 10 gr. ; de 50 à 30 lasts, 2 th. ; moins de 30 lasts, 1 th. 10 gr.

Droit de pilotage intérieur. — Navire tirant 10 pieds d'eau et plus, 4 thalers ; de 9 à 10 pieds, 3 th. 15 gr. ; de 8 à 9 pieds, 3 th. ; de 7 à 8 pieds, 2 th. 15 gr. ; de 6 et au-dessous, 1 th. 15.

Ces droits sont exigibles par chaque séjour de 24 heures à bord du bâtiment.

N. B. Les navires étrangers, non assimilés aux navires prussiens, payent le double des droits ci-dessus indiqués et en sus :

Le droit extraordinaire de pavillon, qui est pour les navires chargés de 2 th. par last à l'entrée et de 1 th. à la sortie, et pour les navires sur lest de 1 th. à l'entrée et de 15 gros à la sortie.

Sont exempts des droits de port :

1° Les navires en détresse qui, entrés par suite d'avaries, reprennent la mer sans avoir changé leurs papiers ou fait opération de commerce ;

2° Ceux qui, sortis du port, y rentrent par force majeure sans avoir touché à un autre port ;

3° Ceux qui sont affrétés par l'État ;

4° Ceux qui, mouillés en rade, remettent à la voile sans

avoir chargé ni déchargé des marchandises ou du lest, et sans avoir changé leurs papiers de bord.

Toute tentative d'éluder le payement des droits de port est punie d'une amende du quadruple de ces droits.

Indépendamment des droits qui précèdent, on continue à percevoir à Dantzig :

1° *Un droit d'expédition*, qui est pour les navires assimilés de 1/3 du droit de port, pour les autres de 1/5.

2° *Droit de passe-port de mer*, par navire, 2 th. 5 gr.

3° *Droit de déclaration en douane*, par navire, 25 gr.

4° *Droit de clôture des écoutilles*, par navire, 1 th.

5° *Droit de mise à bord d'un préposé jusqu'à Dantzig*, 1 th. 10 gr.

6° *Droit de mise à bord d'un préposé pendant le déchargement*, 20 gros par jour.

PILLAU. — *Droit de port* (pilotage de mer et phares compris). — Navire avec chargement complet, 15 gros par last, à l'entrée comme à la sortie ; navire sur lest ou avec 1/4 de chargement, 7 gr. 6 pf. par last.

Droit de lest. — Pour lestage jusqu'à concurrence du 1/4 de la capacité du navire, 2 gr. par last de jauge ; pour délestage du navire à quai, 1 gr. par last.

Droit de carénage. — Pour radoub, 2 gr. 6 pf. par last de jauge.

Droit de pilotage intérieur. — De *Pillau à Kœnigsberg*, 5 th. 10 gr. par navire ; de *Pillau à Braunsberg*, 4 th. 10 ; de *Pillau à Elbing*, 6 thalers.

Droit de pavillon. — Comme à Dantzig.

Les navires étrangers non assimilés payent le double des droits ci-dessus indiqués, sauf celui de pavillon, auquel sont seuls soumis les navires étrangers non assimilés. (V. la note qui termine l'article *Elbing*.)

Kœnisgberg.—*Droit de port.* (Embouchure de la Prézel).
— Navires avec chargement entier, 5 gr. 4 pf., à l'entrée
comme à la sortie ; navires avec 1/4 de chargement au plus
ou sur lest, 2 gr. 8 pf.

Droit de fleuve, par la barre hollandaise.— 3 thalers ; plus
pour les alléges, suivant leur tonnage, 15 gros, 1 ou 2 thalers,
et droit de port, 7 gros.

Droit de lest. — Navires jaugeant jusqu'à 50 lasts, 2 th. ;
plus de 50 lasts, 1 th. 15 gros. Le port ne fournit que les ou-
tils ; les navires doivent se procurer les ouvriers.

Droit de pilotage.—De *Kœnigsberg à Pillau*, 5 th. 10 gr. ;
à *Braunsberg*, 4 th. 10 gr. ; à *Elbing*, 8 th.
Droit de pavillon. — Comme à Dantzig.

Les navires étrangers non assimilés payent le double des
droits. (V. *Pillau* et la note qui termine l'article relatif à
Elbing.)

Elbing. — *Droit de navigation.* — Navires avec chargement, par last, 15 gros à l'entrée comme à la sortie ; navires
sur lest ou avec 1/4 de chargement, 7 gr. 6 pf. à l'entrée et
autant à la sortie.

Droit de lest. — Par last, 1 gr. 3 pf.
Droit de carénage. — Par last, 1 gros.
Droit de grue.—Pour les navires jaugeant jusqu'à 30 lasts,
10 gros ; au delà de 30 last, 15 gros.
Droit de pilotage. — (V. *Pillau* et *Kœnigsberg.*)
Droit de pavillon. — Comme à Dantzig.

Les navires étrangers payent le double des droits ci-dessus.
(V. *Pillau.*)

N. B. Pour les trois ports ci-dessus, mêmes observations que pour
Dantzig en ce qui concerne les droits exigibles, les exemptions de
droits, les tentatives d'éluder le payement des droits, les droits de passe-
port, déclaration de douanes, etc.

MEMEL. — *Droits de port.* — Navires chargés
par tonneau de 1,000 kil................ 1 fr.
Navires sur lest......................... » 50 c.

STETTIN. — *Droits de port.* — Navires de 46 tonneaux et
au-dessous, 3 fr. 33 c. ; de plus de 46 tonneaux, 10 fr. 02 c.

MONNAIES, POIDS ET MESURES.

Monnaies.

Thaler.......................... =	3 fr.	75
Gros { d'argent, 1/30 .... =	»	125
{ bon gros, 1/24 .... =	»	15625
Pfennig { 12 au gros d'argent....... =	»	010
{ 12 au bon gros........... =	»	0130
Florin .... =	2 fr.	1428
Kreutzer .... =	»	0357

Mesures de pesanteur.

Quintal (100 liv.)................ =	50 kil.
Schiffslast (37 quintaux 1/2)........ =	1,875 kil.
Livre........................... =	0 kil. 500
Tonne (hareng) 3 quintaux........ =	150 kil.

Mesures de longueur.

Pied (12 pouces)................ =	$0^m,314$
Pouce.......................... =	$0^m,261$

Mesures de capacité.

Scheffel (16 metzen)............. =	54 lit. 9600
Metzen......................... =	3 lit. 435
Tonne (4 scheffels)............... =	219 lit. 7720

RÉPUBLIQUE ARGENTINE ou de LA PLATA.

Depuis le 7 septembre 1854, les navires français sont assimilés aux bâtiments argentins en ce qui concerne le payement des droits de navigation.

Les droits généraux de *tonnage*, fixés en 1844 à 3 piastres par navire, ont été abolis, sans distinction de pavillon, par un acte du 18 mai 1857.

Visite de la santé. — 25 piastres; *patente*, 25 piastres.

Les bâtiments qui ne rompent pas charge ne payent que la moitié de ces droits.

MONNAIES, POIDS ET MESURES EN USAGE A BUÉNOS-AYRES.

Piastres (8 réaux)..............	5 fr. 40 c.
Réal.......................	0 675
Piastre papier...............	0 30 à 0 fr. 40 c.
Quintal (4 arrobes)...........	46 kil.
Arrobe.....................	11 500
Fanègue....................	1 hect. 37

RÉPUBLIQUE DE COSTA-RICA.

En ce qui concerne les droits affectant la coque, les bâtiments français jouissent dans les ports de cette république du traitement national tant à l'entrée qu'à la sortie. (*Convention d'accession au traité entre la France et la république de Guatemala, conclue le 12 mars 1848.*)

RÉPUBLIQUE DOMINICAINE.

(PARTIE ORIENTALE DE L'ILE D'HAÏTI.)

Le traité du 8 mai 1852 assure dans les ports dominicains, quant aux droits sur la coque, le traitement national aux navires français venant *avec chargement d'un port de France et sans chargement d'un port quelconque.* Ces droits sont calculés d'après les papiers de bord du bâtiment.

Droits de *tonnage* .... 1 piastre (5 fr. 25 par ton.
— de *phare* .... 6 cents (0 fr. 315) d⁰
— d'*ancrage* .... d⁰ (d⁰) d⁰
— de *pilotage*, ... d⁰ (d⁰) d⁰
— d'*entrée* .... d⁰ (d⁰) d⁰
— de *quai*, d'*interprète*, de *vigie*, de *santé*, d'*aiguade*.
— variant de 1 à 4 piastres (5 fr. 25 à 21 fr.).
— de *chargement à la côte*, 50 cents (2 fr. 625) par
tonneau.

Les navires en relâche sont exempts du droit de tonnage.
La faculté de faire échelle est subordonnée au payement des
droits de la nation la plus favorisée.

MONNAIES, POIDS ET MESURES.

Monnaies.

Piastre .... 5 fr. 25 c.
Centième .... » 0525

Poids.

Quintal (4 arrobes) .... 45 kil. 400
Arrobe (25 livres) 11 350
Livre (16 onces) .... » 454
Tonneau 908ᵏ

Longueur.

Pied (12 pouces) 0ᵐ,305

Capacité.

Gallon .... 4 litres 543

RÉUNION (Ile de la).

Le commerce entre la France et la colonie ne peut se faire
que par navires français. (Loi du 21 septembre 1793.)

Droit de tonnage. — Bâtiments venant des possessions britanniques autres que l'Inde et l'île Maurice, 2 fr. par tonneau, s'ils sont chargés; 20 c. seulement, s'ils sont sur lest (Ordonnance du 18 octobre 1846); sont exempts de ce droit : 1° Les bâtiments français venant de France, des possessions françaises ou de l'étranger, sauf l'exception ci-dessus; 2° les navires en relâche qui reprennent la mer sans avoir chargé ni déchargé de marchandises; 3° les navires français qui, expédiés de France pour la Réunion, ont fait escale au cap de Bonne-Espérance, qu'ils aient ou non chargé des marchandises dans cette possession anglaise. (Décisions des 14 juin et 15 août 1848.)

Droits sanitaires. — Bâtiments français venant des possessions britanniques autres que l'Inde, de 100 tonneaux et au-dessous, 6 fr.; de 101 à 150, 9 fr.; de 151 à 200, 12 fr.; de 201 et plus, 15 fr. Tous autres bâtiments, le double des droits ci-dessus.

Droits de pilotage (1). — Navires français au-dessous de 100 tonneaux, 50 c. par tonneau; au-dessus de 100 tonneaux, 7 fr. 50 c. par pied (0^m 325) de tirant d'eau. (Arrêté du 18 juillet 1849.)

Droit de jaugeage. — Lorsqu'il y a lieu de procéder à cette opération, navires au-dessous de 75 tonneaux, 50 fr.; par chaque tonneau au-dessus, 1 fr.

Droit de phare (1). — 20 c. par tonneau. (Décret colonial du 23 juin 1845.)

Droit d'aiguade. — 2 fr. par kilolitre d'eau (Arrêté du 23 octobre 1843.)

---

(1) Les navires français entrant en relâche forcée sont exempts des droits de pilotage et de phare; ils sont aussi exempts de ces droits lorsqu'ils relâchent volontairement sans faire aucune opération de commerce, qu'ils aient ou non employé un pilote.

Droits de visite sanitaire et de garde à bord des bâtiments.
— 1° Visite et constatation de provenance à bord d'un bâtiment en rade, par membre présent à la commission, 15 fr. ;
2° séjour d'un garde de santé à bord d'un navire en quarantaine, par jour, 5 fr. ; 3° séjour d'un pilote ou d'un préposé
des douanes à bord d'un bâtiment infecté, 6 fr. ; 4° séjour à
bord du même navire d'un officier de santé, 20 fr. ; 5° visite
et constatation de provenance à terre, 15 fr. par membre
présent. (Arrêté du 18 juillet 1849.)

RUSSIE.

D'après les stipulations de la convention du 16 septembre
1846 et du traité du 30 juillet 1857, les navires français
*venant des ports de France avec chargement ou sans charge-
ment d'un port quelconque* sont assimilés aux navires russes
pour le payement des droits de navigation (1). Dans les autres cas, ils sont considérés comme étrangers. Les navires en
relâche sont exempts de droits.

DROITS GÉNÉRAUX DE NAVIGATION.

Droit d'entrée ou de tonnage. — Par last de jauge ou de
déplacement : 5 copecks argent.

Droit d'ancrage. — 7 copecks par last de jauge.

Droit de phares. — 7 roubles 15 copecks par bâtiment.
Ce droit ne se paye que dans les ports où il existe un phare.

Droits de pilotage. — 8 roubles par bâtiment.

Droits de gardien. — Pour tout navire soumis à l'obligation de faire quarantaine : 30 copecks par jour. Il est perçu
en plus, pour le *drapeau* qui signale le bâtiment suspect,
1 rouble 40 copecks.

---

(1) Les droits ayant pour base la jauge, sont perçus d'après les papiers
de bord du navire, à moins que la quantité de marchandises débarquées
ne soit supérieure à celle qu'indique la capacité légale du bâtiment.

DROITS LOCAUX.

Saint-Pétersbourg et Cronstadt. — *Droit d'ancrage.* — Bâtiments étrangers, 40 copecks-assignation par last de marchandises; nationaux, 20 copecks.

Passage des ponts sur la Néva. — Pour chaque pont : trois-mâts, 10 roubles-assignation ; bricks, 5 roubles-assignation ; sloops et cutters, 2 roubles.

Lestage. — 2 roubles-assignation par last de 2 tonneaux.

Redout-Kalé et Soukoum-Kalé. — *Droits de navigation* et *d'ancrage.* — Bâtiments étrangers, 50 copecks assignation par last de marchandises importées ; nationaux, 25 copecks.

Droit de phare. — Par bâtiment, 25 copecks.

Odessa. — Un navire étranger de 170 tonneaux, entrant chargé et partant avec un chargement, paye 374 fr. de droits de navigation.

Pilotage. — Les capitaines doivent prendre leur pilote à Constantinople ; il n'en existe pas à Odessa. Le coût du pilotage est de 261 fr. 80 c.

Archangel. — Un navire, entré sur lest et sorti chargé, paye 5 fr. 45 c. par tonneau de droits de navigation ; s'il est entré chargé, les frais sont de un tiers plus élevés.

MONNAIES, POIDS ET MESURES.

Monnaies.

Rouble (argent)............................ =	4 f.	»
Copeck d° .... =	»	04
Rouble (assignation)................... =	1	20
Copeck d° .... =	»	012

Poids.

Tonneau (6 berkovetz)............. =	982 k.	860
Berkovetz (10 pouds)............... =	163	810

Poud (40 livres.)................ = 16 k. 381
Livre......................... = 0   4095
Last (huile, suif, potasse)......... = 1920

Mesures de longueur.

Sagène (3 archines)............... = 2ᵐ1336
Archine (16 verchoks).............. = 0ᵐ7112
Verchok........................ = 0ᵐ0444
Pied (12 pouces)................. = 0ᵐ3048
Pouce .... = 0ᵐ0254

Mesures de capacité.

Tchetvert (8 tchetveriks)........... = 209 lit. 9007
    pour les marchandises sèches.
Koulle (avoine), 8 à 10 tcheverts.
Last (de jauge ou de déplacement)... = 2 tonneaux.
Oxhoft (18 vedros)............... = 221   382
Ancre (3   d°)................ = 36   897
Vedro......................... = 12   209

SÉNÉGAL.

La navigation entre la France et le Sénégal (y compris l'île de Gorée) et les rapports entre ces établissements et les autres possessions françaises d'Asie, d'Afrique et d'Amérique ont lieu exclusivement par navires français. (Acte de navigation du 21 septembre 1793 et décret du 8 février 1852.) Les bâtiments français sont seuls admis à faire le commerce dans le fleuve du Sénégal. (Arrêté consulaire du 25 frimaire an X.)

SAINT-LOUIS. — *Droit d'ancrage.* — Bâtiments venant de France à Saint-Louis, 50 c. par tonneau. (Arrêté local du 15 mai 1837.)

Droit de pilotage. — Navires d'Europe, pour les cent premiers tonneaux, 1 fr. par tonneau de jauge ; pour chaque tonneau en excédant, 75 centimes.

18

Gorée. — Les navires étrangers sont seuls soumis au payement de droits de navigation.

Comptoirs d'Assinie, du Gabon et de Grand-Bassam. — Ces établissements sont placés sous le régime de la franchise.

Grand-Bassam. — *Pilotage de la barre.* — Il est fait à tout bâtiment qui se présente à l'entrée de la barre l'un des signaux suivants, au mât de pavillon du comptoir :

1° Si la barre est praticable (bâtiments tirant 5^m d'eau), *pavillon jaune ;*

2° Si la barre n'est pas praticable, *pavillon bleu ;*

3° Un *pavillon jaune* sur *pavillon bleu* indique que le pilote est sur la barre et que le bâtiment peut appareiller.

Les frais sont fixés de la manière suivante :

Pour les navires tirant 2 mètres et au-dessus.	20 fr.
d°	2 à 3...............	30 .
d°	3 à 4...............	40
d°	4 à 5...............	50

(Arrêté local du 3 janvier 1850.)

SIAM (Royaume de).

Aux termes du traité du 15 août 1856 (ratifié le 24 août 1857) conclu entre la France et le royaume de Siam, les navires français, moyennant l'acquittement d'un droit de douane d'importation (1) ou d'exportation, *sont affranchis* dans les ports siamois *de toutes taxes de tonnage, pilotage, licence, ancrage* et de toute autre quelconque, à l'entrée ou à la sortie. Ils jouissent, d'ailleurs, de tous les priviléges et immunités accordés aux navires nationaux et aux étrangers les plus favorisés. Le seul port ouvert au commerce est celui de Bangkok.

-----

(1) 3 p. cent de la valeur, au plus.

SUÈDE ET NORWÉGE.

STOCKHOLM. — *Droit de tonnage.* — A l'entrée, 137 fr. 50 ou 68 rigsbankdalers courants, 36 skillings, et autant à la sortie.

Droit de pilotage. — 123 fr. 77 (61 rig. 36 sk.) à l'entrée et autant à la sortie.

Droit de phare.— 83 fr. 33 (41 rig. 30 sk.) à l'entrée et moitié à la sortie.

Droit de quai. — 19 rig. par navire; plus, pour autorisation de faire la cuisine à bord, 1 rig.

Droit de passe-port et d'expédition en douane. — 10 rig. 12 sk.

Droit de certificat, timbre et mesurage. — 18 rig.

Divers droits. — 7 rig. 27 sk. (15 fr. 10.)

Le droit de courtage peut être approximativement évalué pour un navire de 150 ou 200 tonneaux, à 66 fr. 60 (un peu plus de 33 rixdales).

GOTHEMBOURG. — *Droit de tonnage.* — Navires suédois 5 skil. 1/3 de banque (22 centimes) par tonneau. Navires étrangers (66 cent.). En sont exempts les bâtiments en relâche qui n'effectuent pas d'opération de commerce.

Droit de certificat de tirant d'eau. — 1/2 rixdale.

Droit d'expédition. — Suivant le tonnage, de 1 rigsdale 6 sk. à 7 rig. 24 (2 fr. 66 à 15 fr.), par last.

Droit d'ancrage ou de ville. — 16 skil. (0 fr. 66) par last à l'entrée et à la sortie.

Droit d'amarrage et signaux. — 8 shil. (0 fr. 33) à la sortie, par last.

Droit de cuisine. — 1 skil. (0 fr. 045), par last.

Droit de jaugeage. — 2 rigsd. 12 skil. (5 fr. environ) ; plus pour timbre 1 rigsd.

Droit de revue de l'équipage. 1 fr. 50 à 2 fr. par homme, plus 36 skil. (1 fr. 30) pour timbre.

Droit de déchargement de lest. — 0 fr. 92, 1 fr. 12, ou 1 fr. 39 par last de lest, suivant l'éloignement du lieu de dépôt.

Droit du commandant du fort de Ny-Elfborg. — 1 skil. (0 fr. 0454) par last.

Droit de garde du port. — Même taxe que la précédente.

Droit de phare. — Navires suédois, 0 fr. 44 par last. Navires étrangers, le double. Les navires sur lest ne payent que le 1/2 droit.

Droit de pilotage. — Ce droit, qui comprend : 1° le pilotage intérieur ; 2° le pilotage extérieur, se paye par pied de tirant d'eau et d'après la distance parcourue, calculée en milles d'Allemagne de 7 k. 116 mètres, conformément aux tarifs ci-après :

PILOTAGE INTÉRIEUR.

DISTANCES PARCOURUES.	TIRANT D'EAU									
	6 pieds.	7 pieds.	8 pieds.	9 pieds.	10 pieds.	11 pieds.	12 pieds.	13 pieds.	14 pieds.	15 pieds.
	PRIX DU PILOTAGE PAR PIED.									
	f. c.	f. c.	f. c.	f. c.	f. c.	f. c.	f. c.	f. c.	f. c.	f. c.
1/2 mille......	1 50	2 »	2 50	3 »	3 50	4 »	4 50	5 »	5 50	6 »
1 mille........	2 25	3 »	3 75	4 50	5 25	6 »	6 75	7 50	8 25	9 »
2 milles.......	3 »	4 »	5 »	6 »	7 »	8 »	9 »	10 »	11 »	12 »
3 —	3 75	5 »	6 25	7 50	8 75	10 »	11 25	12 50	13 75	15 »
4 —	4 50	6 »	7 50	9 »	10 50	12 »	13 50	15 »	16 50	18 »
5 —	5 25	7 »	8 75	10 50	12 25	14 »	15 75	17 50	19 25	21 »
6 —	6 »	8 »	10 »	12 »	14 »	16 »	18 »	20 »	22 »	24 »
7 —	6 75	9 »	11 25	13 50	15 75	18 »	20 25	22 50	24 75	27 »

PILOTAGE EXTÉRIEUR.

DISTANCES PARCOURUES.	6 pieds.	7 pieds.	8 pieds.	9 pieds.	10 pieds.	11 pieds.	12 pieds.	13 pieds.	14 pieds.	15 pieds.
	f. c.	f. c.	f. c.	f. c.	f. c.	f. c.	f. c.	f. c.	f. c.	f. c.
1/2 mille......	2 »	2 66	3 33	4 »	4 66	5 33	6 »	6 66	7 33	8 »
1 mille........	3 »	4 »	5 »	6 »	7 »	8 »	9 »	10 »	11 »	12 »
2 milles.......	4 »	5 33	6 66	8 »	9 33	10 66	12 »	13 33	14 66	16 »
3 —	5 »	6 66	8 33	10 »	11 66	13 33	15 »	16 66	18 33	20 »
4 —	6 »	8 »	10 »	12 »	14 »	16 »	18 »	20 »	22 »	24 »
5 —	7 »	9 33	11 66	14 »	16 33	18 66	21 »	23 33	25 66	28 »
6 —	8 »	10 66	13 33	16 »	18 66	21 33	24 »	26 66	29 33	32 »
7 —	9 »	12 »	15 »	18 »	21 »	24 »	27 »	30 »	33 »	36 »
8 —	10 »	13 33	16 66	20 »	23 33	26 16	30 »	33 33	36 16	40 »

Monnaies, poids et mesures.

Rixdale, 2 fr. 16 (48 skillings).
Skilling, 0,045,
Spécies d'argent (120 skillings), 5 fr. 62.
Last, 2448 kil. 293.
Lispund (victuailles), 8 kil. 500.
Skeppund,   135   20.
Tonne (de grain), 1 hectol. 814.

NORWÉGE.

Les *droits de tonnage* sont perçus dans les ports de Norwége d'après le tarif suivant :

Navires provenant ou à destination de ports.
- Hors d'Europe.
  - Chargés, 60 skillings, par last.
  - Sur lest, 30 — —
- D'Europe.
  - De la Méditerranée.
    - Chargés, 48 skil.
    - Sur lest, 24
  - D'ailleurs.
    - Chargés, 30 skil. (1)
    - Sur lest, 15

Droits de phare. — Ces droits ne sont payés que par les bâtiments venant d'un port étranger ou s'y rendant. Ils sont fixés à 14 skillings (0 fr. 63) par last, pour les navires chargés ; pour les navires sur lest ou avec un chargement moindre que le 1/4 du tonnage, 7 skillings seulement.

Droit de quai. — Un skilling spécies de Norwége (0 fr. 04) par last.

Droits d'entrée et de sortie. — Par voyage et par last, navires étrangers, 36 skillings ; nationaux, 12 skillings. En son exempts les bâtiments chargés de céréales.

---

(1) Sont traités, d'après ce tarif, les navires chargés de céréale quelle que soit leur provenance.

Monnaies et mesures.

Skilling spécies = 0 fr. 0468.
Rixdale (48 sk.) = 2   25.
Skœppund   = 160 kilog.

TEXAS (ETAT DU).

Le traité du 25 septembre 1839 avait assimilé le pavillon français au pavillon texien, en matière de droits de navigation. Les stipulations de cet acte ont cessé d'avoir leur effet depuis l'annexion de cet État à l'Union américaine (*Voir Etats-Unis.*)

DROITS DE NAVIGATION. — *Droits d'entrée.* — Navires venant d'un port étranger, par tonneau de 1 mètre cube 133, 60 cents (3 fr. 21) pour les bâtiments à voiles, moitié seulement pour les vapeurs.

Droit de wharfage (quai). — Varie suivant la nature des marchandises mises à terre.

Droit de corporation de la ville. — 5 dollars (26 fr. 75) par navire.

Droit d'hôpital. — Un dollar par passager.

Droit de déclaration. — 2 dollars par navire.

Permis de déchargement. — 20 cents.

Certificat de santé. — 20 cents.

Droits divers (fees). — Un dollar environ.

GALVESTON. — *Droits de pilotage.* — Navires calant moins de 8 pieds anglais (0 ᵐ 3048), 2 doll. 50 par pied, soit, par mètre, 43 fr. 85. Navires calant plus de 8 pieds, 3 doll. par pied, ou, par mètre, 52 fr. 66.

Le pilote, retenu à bord plus de 24 heures, a droit après ce délai à 3 dollars de supplément par jour. S'il a pris le navire à 15 milles marins (le mille = 1,852 mètres) son salaire est ugmenté de 25 pour 100.

TOSCANE.

Nos relations avec la Toscane ont été réglées en dernier lieu par le traité du 15 février 1853, promulgué en France le 15 mars suivant.

En ce qui touche les droits qui portent sur la coque, sont assimilés aux bâtiments toscans les navires français *venant directement des ports de France ou d'Algérie avec chargement ou sans chargement de tout port quelconque.*

La perception des droits qui ont le tonnage pour base se règle d'après la jauge indiquée sur les papiers de bord du navire.

Le traitement national est assuré aux navires à vapeur affectés à un service périodique entre la France et la Toscane.

Droits de navigation. (Loi sarde du 26 juin 1851.) — Navires au-dessus de 16 tonneaux, par an   5 fr.

—	50	—	25
—	100	pour 3 ans	150
—	200	—	200
Plus de 200	tonneaux		300

Droit d'ancrage. 1 fr. 30 par tonneau de jauge.

Ce droit se paye à chaque entrée, excepté en cas de relâche, à moins que le séjour du navire dans le port ne se prolonge au delà de 15 jours.

Le 1/3 seulement du droit est exigé pour les navires qui rentrent après une première sortie.

Droits d'entrée dans les darses. — Navires de 35 tonneaux et au-dessus, 0 fr. 10 par tonneau.

Droits de pilotage. — Navires calant de 1 à 5 pieds, 5 fr. 60 ; 6 pieds, 8 fr. 40 ; 7 pieds, 11 fr. 20 ; 8 pieds, 13 fr. 44 ; 9 pieds, 16 fr. 30 ; 10 pieds, 20 fr. 16 ; au-dessus de 10 pieds, 3 fr. 36 en sus par chaque pied d'augmentation. — Au bateau de la santé qui offre le pilote, 5 fr. 60.

LIVOURNE. — *Droits sanitaires.* — Navires de 25 tonneaux et au-dessous : *Médecin*, 2 fr. 41 par visite ; *embarcation*, 4 fr. 20 ; *garde*, 2 fr. 52.

Navires de plus de 25 tonneaux : *médecin*, 4 fr. 20 par visite ; *embarcation*, 5 fr. 04 ; *garde*, 2 fr. 52.

TURQUIE.

Le traité du 25 novembre 1838, conclu entre la France et la Turquie, assure aux bâtiments français le traitement de la nation la plus favorisée.

Les dispositions de cet acte sont applicables à toutes les possessions ottomanes d'Europe, d'Asie et d'Afrique. Elles sont exécutées dans la régence de Tripoli depuis 1841 et en Egypte depuis 1842.

CONSTANTINOPLE. — *Droits de port.* — 2 piastres du Grand Seigneur par mille quilos de marchandises (0 fr. 50 par 2564 k., ou par 1000 kil., 0 fr. 195).

Droits de phare. — On procède actuellement à l'élaboration d'un règlement portant fixation de ces droits.

MONNAIES ET MESURES.

Piastre (40 paras) = ...	0 fr.	25
Para = ...	0	00625
Quilo (de Constantinople) en poids (20 oques)=	25 k.	640
— en capacité (céréales) =	33 lit.	684

URUGUAY.

Les navires étrangers sont soumis pour la navigation des fleuves et rivières aux mêmes règlements de police et de douane que les navires nationaux.

Droits de tonnage. — Aux termes de la loi du 28 avril 1855, les droits de tonnage auxquels sont assujettis les navires qui fréquentent les ports de l'Uruguay sont fixés comme suit :

Pour les navires sortant de *Montevideo* ou de *Colonia*, à destination de l'intérieur du *Rio de la Plata* ou de ses affluents, pour ceux qui, à leur entrée ou à leur sortie, touchent à *Montevideo* ou à *Colonia*, par tonneau, 0 réal 40 c. (0 fr. 27).

Tout navire qui a acquitté le droit ci-dessus à l'entrée ne le paye pas à la sortie, et inversement. (*Art. 1 et 2 de la loi précitée.*)

Sera réduit de *moitié* le droit établi par l'article 1er *cinq* ans après la mise en vigueur de ladite loi.

La loi du 16 juin 1855 a établi sur les navires venant ou à destination *de ports situés au delà des caps* un droit de 3/4 de réal (0 fr. 40) par tonneau.

La perception de ce droit a commencé ou devra commencer le jour même de l'éclairage du phare situé au nord du *Banc Anglais.* Les navires qui l'acquittent à l'entrée ne le payent pas à la sortie.

Droit de balisage. — Tout navire d'outremer naviguant sur le fleuve Uruguay paye, pour droit de balisage, 120 centièmes de piastre courante ou une piastre forte (5 fr. 40) par tonneau. Le bâtiment qui a payé ce droit à l'entrée ne le paye pas à la sortie et *vice versâ.* (*Moniteur du 22 août 1857.*)

Droit de pilotage. — Tarif publié à Montévidéo, le 14 septembre 1854, pour les navires qui naviguent sur l'*Uruguay* et le *Parana.*

TIRANT D'EAU.	NAVIRES QUI REMONTENT JUSQU'A			
	Lauda et Gualeguaychu.	La Conception et Pay-Sandu.	Las Higueritas.	SORIANO.
	Piast. fort.	Piast. fort.	Piast. fort.	Piast. fort.
8 pieds et moins..........	40	50	30	40
de 8 à 9 pieds............	50	60	35	45
de 9 à 10 —	60	70	40	50
de 10 à 11 —	70	75	45	55
de 12 à 13 —	80	85	55	65
de 13 à 14 —	85	90	60	70
de 14 à 15 —	90	95	70	75
de 15 à 16 —	100	120	80	90

Les navires d'un tirant d'eau plus élevé payent un prix proportionnel, réglé à l'amiable entre le capitaine et le pilote, en présence du capitaine du port.

Le pilote retenu à bord a droit à 5 fr. 40 par jour et à sa nourriture.

Les prix pour la descente et la remonte des deux rivières sont les mêmes.

Les navires qui remontent le *Parana* jusqu'à *Gualeguay* payent le même prix que ceux qui vont dans l'*Uruguay* jusqu'à la *Gualeguaychu* ; ceux qui se rendent au *Rosario* payent comme ceux qui vont à la *Conception et à Pay-Sandu*. A l'égard des autres ports du Parana, les prix sont réglés à l'amiable.

Les capitaines sont libres de choisir le pilote qui leur convient pour les conduire à leur port de destination sur le fleuve. (*Décret du 19 juin* 1856.)

Renseignements divers. —*Manifeste.*—Tout navire entrant dans un port de l'Uruguay doit être porteur d'un manifeste visé et mis sous un pli cacheté par le consul ou l'agent consulaire du port de départ. (Amende de 1,200 piastres en cas de contravention.)

Navires expédiés pour Buenos-Ayres.—Par exception, les navires régulièrement expédiés pour le port de Buenos-Ayres et dont les manifestes sont visés par les consuls de ce dernier État, peuvent être admis à Montévidéo, sans autre surcharge que celle des droits consulaires qu'ils auraient dû payer au port de départ, s'ils y avaient été expédiés directement pour l'Uruguay.

Ceux dont les papiers ne sont pas visés par les consuls payent le double desdits droits.

MONNAIES, POIDS ET MESURES.

Monnaies.

Piastre.	Forte...................	= 5 fr. 40
	Courante..............	= 4 50

$$\text{Réal} \left\{ \begin{array}{l} \text{Fort}\dots\dots\dots\dots = \quad 675 \\ \text{Courant}\dots\dots\dots\dots = \quad 5625 \end{array} \right.$$

Poids.

Barrique (8 arrobes).............. — 91 kil. 88
Arrobe........................ — 11   485

Unité de longueur.

Pouce....................... — 0 mèt. 02385

Mesures de capacité.

Pipe (6 barils)................ — 4 hect. 56
Baril....................... — 0   76

VÉNÉZUÉLA.

Aux termes de l'article 10 du traité conclu le 25 mars 1843 (*ordonnance du 29 juin 1844*) entre la France et la République de Vénézuéla, le pavillon français est *assimilé* au pavillon vénézuélien en matière de *droits de tonnage, pilotage et autres*, affectant la coque des bâtiments.

Droits de navigation. — D'après la loi du 29 avril 1856, les navires nationaux ou étrangers, *venant de l'étranger*, payent les droits suivants :

Droit de tonnage. — Par tonneau de jauge (1) (0^m cube 887), 37 0/0mes de piastre (0 fr. 50).

Droit du capitaine de port — 3 piastres (12 fr.).

Droit d'entrée. — Par tonneau de jauge (2), 7 0/0mes de piastre (0 fr. 28).

---

(1) *Les droits de tonnage* pour les navires venant sur lest charger des bestiaux dans l'*Orénoque*, sont liquidés d'après les indications de la patente augmentés de 10 p. %; en cas de contestation ou de refus de payement, le navire est conduit à Angostura pour être jaugé.

(2) Dans le port de la Guayra, il est perçu, en outre, pour *droit d'entrée*, 2 p. %, sur le montant des droits afférents aux marchandises importées de l'étranger.

Droit du médecin de la santé. — Seulement quand la visite a lieu, 3 piastres (12 fr.).

Droit d'ancrage. — Par tonneau de jauge, 18 0/0mes de piastre (0 fr. 72).

Droit de pilotage. — Pour les bâtiments entrant à *Angostura* ou à *Maracaïbo*, par pied de tirant d'eau (0^m 279), 6 piastres (24 fr.).

Droit d'aiguade. — Par tonneau de jauge, 12 0/0mes de piastre (0 fr. 48).

Ce droit n'est perçu que dans les ports où il se trouve de l'eau, à un mille, au plus, de distance, soit naturellement, soit par suite de travaux d'art, où les bâtiments peuvent faire celle qui leur est nécessaire, et dans ceux où se trouve un aqueduc public.

Les bâtiments, qui font escale dans plusieurs ports, acquittent le droit d'aiguade dans le premier de ces ports qui se trouve dans les conditions prévues au § précédent.

Il est perçu, en outre, pour *permis de navigation*, 2 piastres par navire.

Ne payent aucun des droits indiqués ci-dessus :

1° Les navires de guerre, paquebots ou courriers, nationaux ou étrangers ;

2° Ceux qui, entrés en relâche forcée ou dans le but de réparer des avaries, ne chargent ou ne déchargent aucune marchandise.

Les bâtiments qui entrent et sortent sur lest et ceux qui, entrés avec chargement, sortent sans avoir fait opération de commerce, ne payent que les *droits de pilotage* et de *médecin de la santé.*

Les droits de navigation ne s'acquittent, pour les bâtiments qui font escale, sans décharger ou charger aucune marchandise, que dans le dernier port où s'opère le déchargement ou le chargement.

Les bâtiments, *venant d'un port de la République* et qui laissent ou prennent un chargement, payent pour tous droits de port :

Tonnage. — Par tonneau de jauge, 12 cent. de piastre (0 fr. 48).

Médecin de la santé. — Quand le bâtiment est visité par ordre, 3 piastres (12 fr.).

Pilotage. — Seulement lorsque les bâtiments prendront des pilotes à leur bord, à l'embouchure de l'*Orénoque* ou à la barre de *Maracaïbo* (1), quel que soit leur tirant d'eau. 6 piastres (24 fr.).

Permis de navigation. — 50 cent. de piastre (2 fr.).

Pour être admis au payement de ces droits, *dits de cabotage* (2), les bâtiments étrangers doivent présenter un certificat constatant qu'ils ont, au port de prime abord, acquitté les droits indiqués au tarif concernant les *bâtiments venant de l'étranger*.

Puerto-Cabello. — Un décret, du 20 mai 1854, a établi dans ce port, pendant 16 années, un *droit de quai* de 2 cent. de piastre (0 fr. 08) par jour sur chaque tonneau de jauge des bâtiments qui viendront s'amarrer au quai, pour charger ou décharger, et des navires sur lest. Ce droit est dû, même quand le bâtiment ne reste pas amarré au quai une journée entière.

---

(1) Les bâtiments, entrant dans l'*Orénoque* ou dans le port de *Maracaïbo*, acquittent le droit de pilotage de 6 piastres par pied, quand même ils ont visité un autre port de la République, à moins qu'il n'entrent sur lest ou chargés de bétail.

(2) Les bâtiments nationaux ont seuls le droit de faire le cabotage (art. 1er de la loi du 30 mai 1854).

MONNAIES, POIDS ET MESURES.

Monnaies (1).

Piastre......................	=	4 f. » c.
Cent........................	=	» 04

Mesures de longueur.

Pied......................	=	0 m. 279
Lieue.....................	=	5 kilom. 462
Mille (1/3 de lieue)........	=	1 — 820

Poids.

Livre	=	0 kil.	460
Quintal...................	=	46	009
Fanègue	=	50	»
Tonneau..................	=	920	186
Tonneau de mer........	=	0 met.	$38,869$

VILLES ANSÉATIQUES.

Hambourg. — Les *droits de tonnage* s'acquittent sur le vu du certificat de jaugeage et se perçoivent, soit à raison du nombre de last de 6,000 livres (2,905 k.), soit en bloc sur la totalité du bâtiment (art. 20 du Règlement du 12 décembre 1839). Ils sont fixés comme suit (2) :

---

(1) Les pièces d'or sont : l'*once*, la *1/2 once*, le *1/4 d'once* ou *doublon*, le *1/8 d'once* ou *écu* et le *1/16 d'once* ou *piastre*, portant le nom de *venezolano d'or*.

Les pièces d'argent sont : la *forte* ou *venezolano d'argent*, la *piastre*, la *1/2 piastre*, le *1/4 de piastre*, le *1/8 de piastre* ou *réal*, et le *1/16 de piastre* ou *1/2 réal*.

Les pièces de cuivre sont divisées en *quarts* et en *huitièmes* (quartos y octavos) d'un poids proportionnel à celui des *cents*.

(2) On ignore s'il a été jusqu'à présent donné suite à un projet de règlement ayant pour objet de fixer à 8 schillings *par last*, pour toutes les provenances, les droits de tonnage à percevoir à Hambourg.

1° *Droits par last.* — Bâtiments de mer venant :

	marcs	sch.
1° du cap de Bonne-Espérance ou du cap Horn, et au delà............................	3	»
2° Des Indes-Occidentales, de l'Amérique du Nord et du Sud, jusqu'au cap Horn, des îles de l'océan Atlantique, des côtes occidentales d'Afrique jusqu'au Cap exclusivement...........	2	8
3° D'Espagne, de Portugal et de la Méditerranée................................	2	»
4° Des autres ports d'Europe..............	1	8
5° De la Hollande, d'Ost-Frise, du Wéser, du Jutland et de l'Eider......................	»	12
Les navires sur lest ne payent que.........	»	8
Ceux qui jaugent moins de 20 lasts (58 tonneaux)..................................	»	4

2° *Droits par bâtiment :* de 8 skillings à 2 marcs, pour les provenances de pays voisins non situés au delà de l'Elbe.

Sont exempts des droits de tonnage : 1° les bâtiments de mer entrant et sortant *sur lest.*

2° Les navires en relâche qui n'effectuent pas d'opérations de commerce (déclaration de 1843) ;

3° Les bâtiments qui, chargés de charbon de terre, de grains et autres provisions de bouche, partent *sur lest.* (Règlement de 1839.)

Droit de pilotage. — Tout navire chargé qui tire 6 pieds de Hambourg (1ᵐ 716) est tenu, s'il jauge plus de 20 lasts (50 tonneaux environ), de prendre un pilote.

Les droits à l'entrée et à la sortie varient, suivant la distance parcourue et suivant la saison :

Été (16 avril au 15 septembre), de 1 à 4 marcs courants, par pied de calaison ;

Hiver (16 septembre au 15 avril), de 2 à 4 marcs courants, par pied de calaison. (Le marc = 1 fr. 88.)

Droit de jaugeage. — 1 marc ou 2 marcs 8 sch., suivant que le navire jauge moins ou plus de 25 lasts.

Entrée de l'Elbe. — Une goëlette nommée *Cuxhaven* est affectée spécialement au transport des pilotes. On la reconnaît, le jour, à une grande girouette au haut du mât, le soir, à un feu rouge ; ce bâtiment croise à l'embouchure de l'Elbe, entre *Borkum* (1) et *Helgoland.*

Tarif des *droits de pilotage*, de la mer jusqu'à *Bosch* :

En été (avril à octobre), 9 marcs (13 f. 50) par pied de Hambourg .
En hiver   —   12 — (18f.)   d°

MONNAIES ET MESURES.

Marc (16 skillings) *banco* (1 fr. 88) ; *courant* (1 fr. 50), skilling *banco* (0 f. 1175) ; *courant* (0 f. 0937).

Livre = 0 kilog. 484 ; — Last de commerce = 2905 kil.
Viertel = 7 litres 24. — Quartier = 0 lit. 90.

Brême. — *Droits de tonnage*, pour l'entrée et la sortie de l'écluse, et séjour dans le port pendant deux mois.

NAVIRES	En Mai, Juin, Juillet et Août.		Pendant les autres mois.	
	rixd.	gr.	rixd.	gr.
De 20 à 25 lasts (2)............................	2	36	3	— »
De 25 à 50 —	3	»	3	42
De 30 à 40 —	5	»	6	»
De 40 à 60 —	7	»	9	36
De 60 à 80 —	12	36	15	«
De 80 à 100 —	15	»	18	»
De 100 à 120 —	17	36	21	»
De 120 à 150 —	20	»	24	»
De 150 à 200 et plus............................	25	»	30	»

(1) Dernière île hanovrienne du côté de la Hollande.
(2) Le last équivaut à un peu plus de deux tonneaux français.

Droits de port, pour les navires qui hivernent, 5 rixdales.

MONNAIES ET MESURES.

Rixdale (72 grotes)....... = 3 f. 76
Grote................. = 0 052
Quintal (116 livres)...... = 57 k. 840
Livre................. = 0 490

VIRGINIE.

(Voir, pour les *droits de tonnage, les monnaies, mesures*, etc., à l'article *Etats-Unis*.)

DROITS DE PILOTAGE. — Ces droits sont fixés comme suit pour les bâtiments faisant le commerce étranger, à l'entrée comme à la sortie :

		Par pied de calaison.
De la mer à Hampton Roads...................	12 doll.	»
De Hampton à la mer...................	7	50
— à Norfolk, Portsmouth ou Pagan Creek...................	»	88
— à Sleepy-Hole ou Look out.......	1	03
— à James Town...................	1	94
— à Martin Brandon ou Flower de hundred...................	2	25
— à City-Point et Bermuda hundred.	2	87
— à Four-Miles Creek.............	3	48
— à Osborne...................	3	87
— à Warwick...................	4	34
— à Richmond...................	4	63
De la mer à York-Town...................	12	90
De Back River ou Egg-Island à York.........	6	»
De York-Town à la mer...................	7	50
— à West-Point.............	1	33
— à Cumberland...................	1	63

Par pied de calaison.

De York-Town au Pannekey River............ 2 doll. 07
 —   à Shepherd's................ 1   47
 —   à Meredith's Moors ou au plus
    haut débarquement à la Matta-
    pong 1   97
Du cap Henry à toutes les rivières sur Mobjack-
Bay................................ 12   »
De Mobjack-Bay à la mer.................. 7   50
Des caps (*cap Henry et cap Charles*) à Urbana. 15   »
De la mer à Piaukebank.................. 15   »
De Piaukebank à la mer.................. 12   »
De Urbana à la mer..................... 10   »
 —   à Tappahannock............... 1   40
 —   à Maylors Hole.............. 1   38
 —   à Leeds ou Micons............. 2   13
 —   à Port-Royal................ 2   97
 —   à Fridericksburg 3   70
Du cap Henry à Smith's Point (*South Potomack*). 25   »
De Smith's Point à la mer 20   83
 —   à Boan ou Heocomico......... »   74
 —   à Machodack................ »   84
 —   à Upper-Machodack.......... 1   12
 —   à Nangoum................ 1   37
 —   à Bond's Hole.............. 1   47
 —   à Quanfico................ 1   58
 —   à Occaquan................ 1   78
 —   à Piscataway.............. 2   10
 —   à Alexandria.............. 2   48
 —   à Eastern branch........... 2   62

Le pilotage est obligatoire pour tout bâtiment qui n'a pas dépassé le *Horse-Shoe*, à l'entrée de la baie. Les navires qui ne tirent que 9 pieds d'eau ne payent que 1/2 pilotage, s'ils refusent les services du pilote.

Pour conduite d'un bâtiment au lazaret le plus voisin, le pilote a droit à 7 dollars en sus du salaire ordinaire, et à 3 dollars par jour pendant la quarantaine. — Le pilote retenu à l'avance reçoit, pour lui, 1 dollar 75 par jour, et son embarcation, 7 dollars.

YUCATAN (Etat de).

Les ports ouverts au commerce étranger, pour l'importation et l'exportation, sont ceux de *Campêche, Sisal, la Laguna (Ile del Carmen)* et *Bacalar*.

Tout bâtiment national ou étranger, venant de l'étranger, paye, pour *droits d'entrée* ou *de tonnage*, 12 réaux (7 fr. 50) par tonneau de la jauge inscrite à la patente présentée par le capitaine à la douane. — Ce droit ne se paye qu'au port de prime abord.

Il est perçu, en outre, des taxes *d'ancrage* et *de port* qui varient, suivant les localités et le tonnage, de 8 à 20 piastres (40 à 100 fr.). Ces droits ne sont exigés que des bâtiments venant d'un pays étranger.

Les monnaies, poids et mesures en usage sont les mêmes qu'au Mexique ; le tonneau, de poids, équivaut à 920 kilogrammes.

TABLE GÉOGRAPHIQUE.

NOTA. Pour les ports qui ne se trouvent pas à la Table, se reporter à l'article du pays auquel ils appartiennent.

Paris. Imp. Paul Dupont,
45, rue Grenelle-Saint-Honoré.